作者
專業教練
木場克己
Katsumi Koba

晨星出版

前言

大家在聽到「體幹」這個詞彙的時候，腦中會浮現什麼印象呢？曾經是運動員為了提升比賽成績而特別重視的體幹，在近年來，也成為了關心自身健康或體重的人們訓練的目標。

不過，即使不是前述所說的人，也衷心希望您們能夠閱讀此書，因為體幹與日常生活中的一切都是息息相關的。

舉例來說，在與別人見面時，給人的第一印象是非常重要的。而挺直的背部、優美的姿勢、修長的體態，都可以透過體幹平衡訓練鍛鍊出來。

不僅如此，還能夠讓人在早上醒來神清氣爽、不易在通勤或上下學過程中感到疲累而能夠順利完成工作或學業，並且能讓身體達到可以專注於嗜好興趣上的理想狀態、得到與腰痛及肩膀僵硬無緣的柔軟度以及遇到緊急事件時不易受傷的穩定性，連在心理層面上也會具備更強的抗壓性。

孩童們也可以在身心方面都更為茁壯地發育，而高齡世代則能夠享受退休後生氣勃勃的人生時光。

為什麼光是鍛鍊體幹就能夠給身體及心靈帶來改變，甚至是影響到人生呢？本書會以豐富的資料、圖解、以及常見的事物為例，用簡單易懂的方式為大家說明。

而在訓練篇當中，則是選擇了幾種讓人比較容易持續下去的訓練項目，連從外側不易觸摸到的深層肌肉也能夠確實獲得刺激。

全球性大流行的新型冠狀病毒疫情已大幅改變了我們的日常生活，可是體幹訓練，卻是任何人都能夠在家中進行的自我保健方式。在此誠摯地希望這本書能給讀者以及讀者家人們的健康，帶來些許的功用。

一般社團法人ＪＡＰＡＮ體幹平衡指導者協會
代表 木場克己

第1章 打造最強身體所需的「體幹力」

The core of the body

第4章 開始實踐吧！體幹訓練

the core of the body

第 1 章

打造最強身體所需的「體幹力」

雖然瘦卻不夠好看的原因是因為體幹太弱

體幹弱也可能對外觀造成影響、或成為疼痛或老化的原因

大家有沒有過「明明體重減下來了看起來卻不夠瘦」「看起來比實際年齡還要老」「老是被別人誤會自己很陰沉、沒有幹勁」這一類覺得因為形象而吃虧的經驗呢？這樣的煩惱其實可以一口氣一次解決。

只要將背肌挺直，姿勢就會變得很挺拔。而光是這個動作，就能在給別人的印象上大大加分。

而在面對重要人物或是拍照時一定會調整自己姿勢的人，和平常專注在工作或家事、或是一個人愜意休息的自己會不會完全判若兩人呢？如果不在意自己平時姿勢的話，那就不只會對外觀形象造成影響了。因為肩膀僵硬或腰痛的原因，幾乎都是因為日常生活時的姿勢或是身體的使用方式。在感覺自己容易疲勞、即使睡覺疲勞也難以消除、或是早上醒來提不起勁的時候，也要檢查自己是不是有彎腰駝背的情形，因為姿勢與心理層面及抗衰老也有密切的關係。

另一方面，有些人應該有

的情況吧！

這種情形，正是體幹弱的證據。所以首先就來檢視自己姿勢的類型、找出身體不舒服的原因，重新找回優美的姿勢吧！

「姿勢」是所有動作的基礎。
平時無意之間的姿勢可能是造成身體疼痛或不舒服的原因。

對著電腦的時候

如果用俯視的角度看螢幕，會變成視線往下的弓背姿勢。

看手機的時候

沉迷在社群網站或玩遊戲時，低頭的姿勢會造成脖子周圍的肌肉過於緊繃。

洗碗的時候

如果腹部沒有用力的話，會變成頭部向前伸出的駝背或腰椎前凸的姿勢。

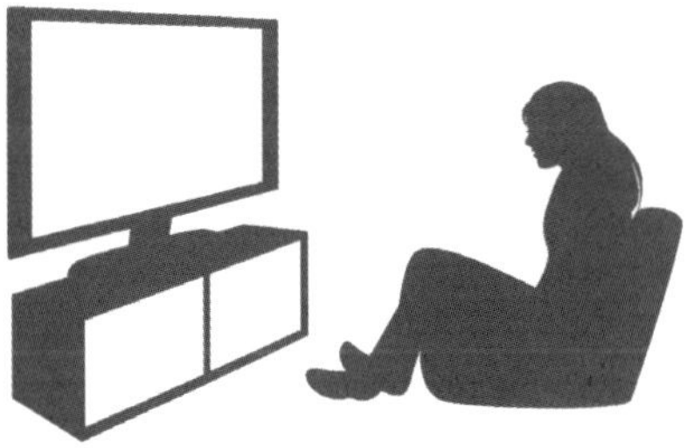

看電視的時候

如果長時間坐在柔軟的沙發上看電視，會讓背部或腰部變成弓起的狀態。

請確認自己平時的姿勢！

你的姿勢屬於哪一種樣態？

下面介紹四種很容易在日常生活出現的不良姿勢，大家如果有符合的話就要特別注意了。
一旦覺得因為這些姿勢很輕鬆而繼續下去的話，不知不覺間身體的狀態會愈變愈差。

頭部向前傾 脖子伸直

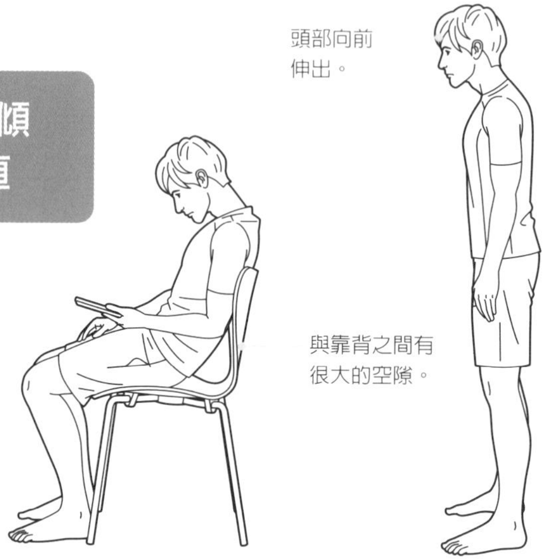
頭部向前
伸出。
與靠背之間有
很大的空隙。

背部弓起

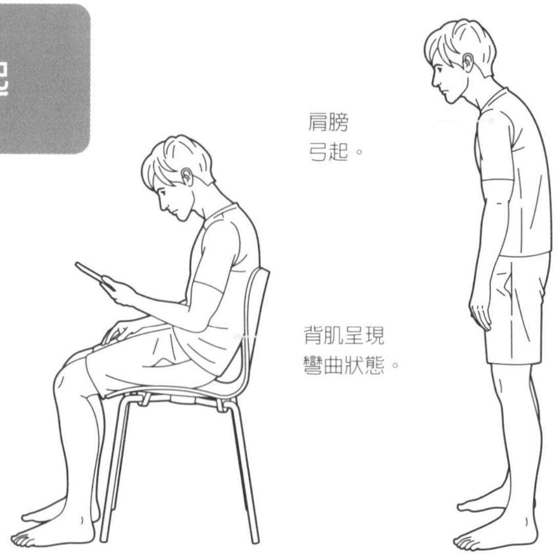
肩膀
弓起。
背肌呈現
彎曲狀態。

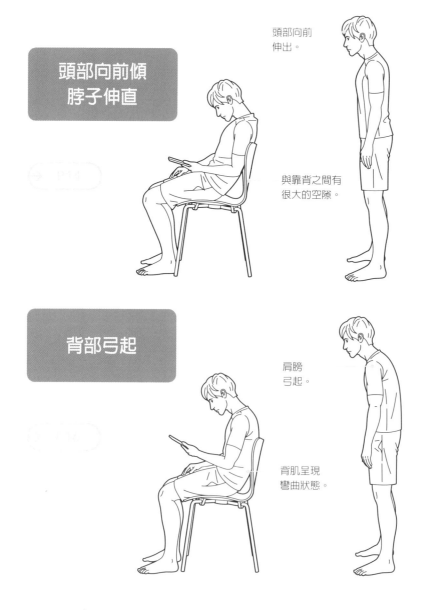

腰部向後彎

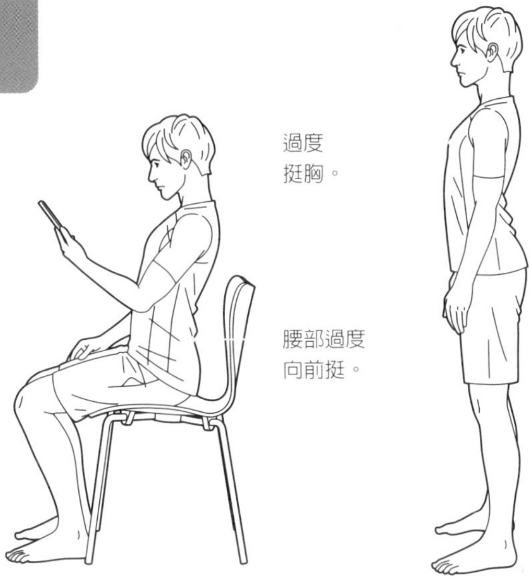
過度
挺胸。
腰部過度
向前挺。

有翹腳的習慣

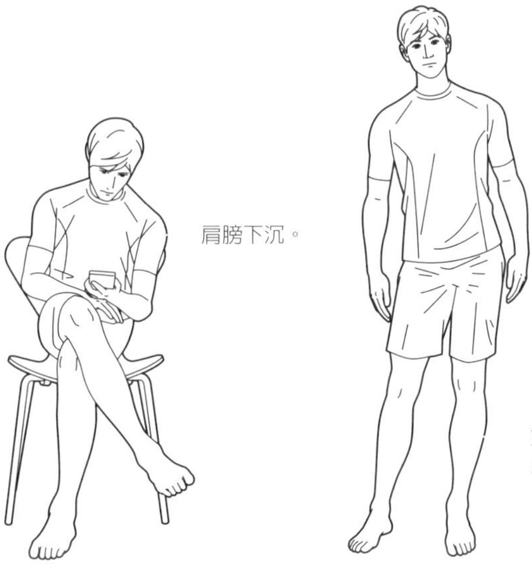
肩膀下沉。
重心放在
單腳之上。

在年輕世代中愈來愈多的「低頭族」

頭痛、肩膀僵硬、駝背、腰痛的起點

隨著生活型態的變化，現代人開始出現了以前不曾有過的健康問題，例如「低頭族」這種不自然的姿勢就是其中之一。儘管姿勢不良大多是因為肌力下降的緣故，

根據「手機社會白皮書2019年版」之內容，小學一年級已有五成以上、到了中學三年級更是有大約九成的孩童會在日常生活中使用智慧型手機或一般手機。一旦沉迷在遊戲、動畫、社群網站上，很容易忘了時間一直盯著小小的螢幕看。這個時候的姿勢通常是頭部向前伸出就像是被螢幕吸引住了一樣，讓脖子後方的肌肉呈現拉直的緊繃狀態。由於年輕世代擁有肌力及柔軟度，所以一開始幾乎都不會察覺到疼痛或不舒服。不過

。

一旦變成低頭族的話腹壓會減弱，所以也可能會造成駝背或腰痛。而由於體幹平衡的惡化也會影響到運動比賽的表現，所以也可能會讓人再怎麼拚命練習也無法進步，結果在重要的比賽中無法得到好的成績。但就是因為智慧型手機或一般手機對我們來說是如此方便無法放下的存在，所以更希望大家能注意使用時的姿勢，聰明地利用手機。

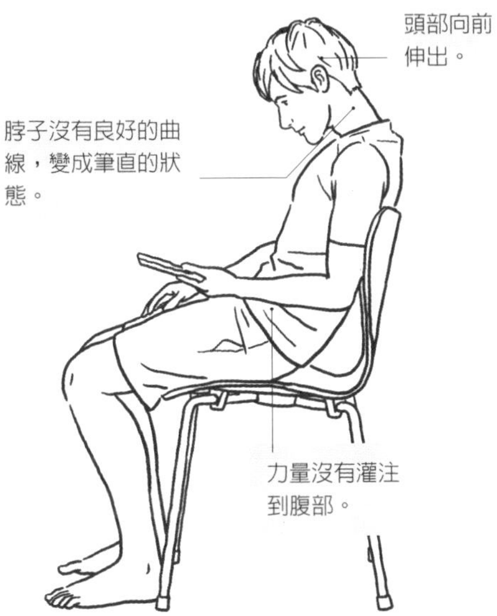
頭部向前
伸出。
脖子沒有良好的曲
線，變成筆直的狀
態。
力量沒有灌注
到腹部。

一旦頭部向前伸脖子伸直的話，脖子周圍的肌肉會變得緊繃，關節也會變得僵硬。
這種狀態持續下去的話，會因為血液循環不良而引起肩膀僵硬或頭痛等症狀。

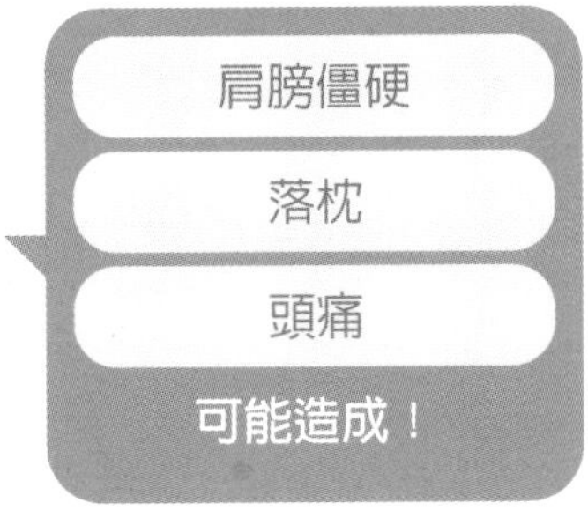
肩膀僵硬
落枕
頭痛
可能造成！

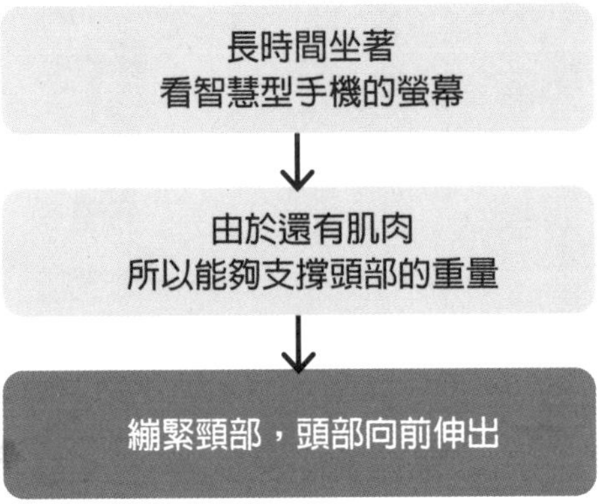
長時間坐著
看智慧型手機的螢幕
由於還有肌肉
所以能夠支撐頭部的重量
繃緊頸部，頭部向前伸出

長時間坐著使用手機等智慧產品是年輕人常見的姿勢。此外，由於年輕人相對之下肌肉比較發達，所以即使頭部是向前伸出的狀態也能支撐得住，所以變得能夠維持在低頭的狀態。

引起身體各種不舒服的「駝背」

駝背會造成慢性疲勞或免疫力下降等全身性的影響

「駝背」可以說是姿勢不良的代名詞。一旦長時間用相同的姿勢進行滑手機或看電腦等行為，背部就會很容易變得拱起。而

駝背會對身體造成超乎想像的負荷。人類頭部的重量大約占體重的一成，如果是體重六十公斤的人，頭部大約五～六公斤。而背部的弧度愈是彎曲，脖子及肩膀承受的負荷就會愈大。根據紐約神經外科醫師肯尼斯．漢斯拉吉（Dr. Kenneth Hansraj）的研究顯示，一旦頭部向前傾斜十五度時，頸椎承受的負荷大約為十二公斤，而如果傾斜六十度的話，頸椎要承受的負荷則會高達二十七公斤（大約是頭部重量的五倍）。

支撐如此的重量，會讓以頸椎為首的整條脊椎，以及脖子、肩膀與背部的肌肉，都變得苦不堪言。

如果是高齡者的話，發生運動能力下降、受傷、衰弱症（frailty、虛弱狀態）及認知障礙等情況的可能性也會升高。所以大家不要覺得不過是駝背而已，一定要努力鍛鍊體幹來加以預防及改善。

背部不出力呈現背
部彎曲的狀態。
腹部受到壓迫，
並且對腰部造成
負擔。

駝背是一種會對身體造成很大負擔的姿勢，不只會造成眼睛疲勞或肩膀僵硬，還會引起腰痛、便祕或自律神經失調。

肩膀僵硬

腰痛

便祕

可能造成！

人體頭部的重量約占體重的10%。體重60公斤的人頭部的重量大約為6公斤，相當於一顆保齡球（13磅）的重量。駝背的人脖子、肩膀及腰部要負擔好幾倍頭部的重量，所以會引起各種不舒服。

頭部重量＝體重的10%

體重60公斤的人……

頭部的重量約6公斤

幾乎等於一顆保齡球的重量！

乍看之下很挺拔其實卻很危險的「腰椎前凸」姿勢

會造成慢性腰痛，還會讓身材變差

還有一個姿勢也要特別小心，那就是過度挺胸乍看之下很挺拔的「腰椎前凸」姿勢。可能有很多人沒有察覺到自己有這種情況，現在就來教大家一個簡單的測試方法。將鞋子脫掉後站在牆壁前方，腳跟離開牆壁，將頭部、背部及臀部靠在牆上。將手伸進牆壁與腰部之間的空隙時，如果達到可以握拳的寬度，那就是腰椎前凸了。

現在請大家試著把骨盆想像成一個「裝了很多水的水桶」。這樣一來，就像水桶內的水灑出去一樣，骨盆中容納的器官會向前凸出，形成腹部凸出的姿勢。而當骨盆前傾的狀態持續下去之後，身體為了取得平衡不向前倒下，最後才會變成腰椎前凸的姿勢。由於這種姿勢很容易造成腰痛，所以大腿前側的肌肉也會承受過大的負擔。如果覺得自己「明明不胖但大腹便便，而且大腿前面的肌肉也很僵硬」時，就要懷疑自己有沒有腰椎前凸的情況了。

由於這種不良的姿勢還可能造成慢性腰痛、浮腫、拇趾外翻、捲甲等情況，希望大家能在這些情況出現之前把姿勢矯正過來。

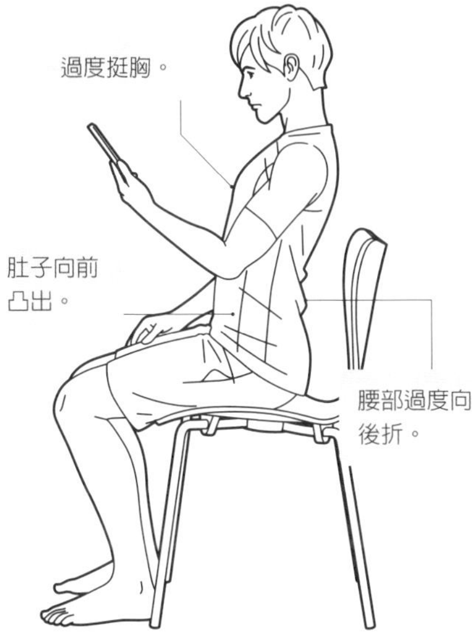

腰部過度向後折會造成骨盆不正，除了會引起腰痛之外，還會讓肚子向前凸，身材看起來比較胖。

腰痛
浮腫
大腹便便
可能造成！

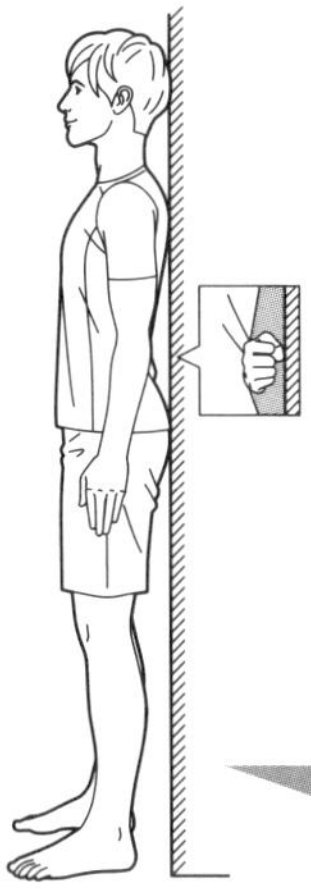

1.脫下鞋子站在牆壁前方。

2.將頭部、背部、臀部靠在牆壁上。

3.將手伸進牆壁與腰部之間。

如果伸進去的手可以握拳的話，就表示有腰椎前凸的情況！腰部與牆壁之間的空隙愈大，腰椎前凸的情況就愈明顯。

「覺得翹二郎腿比較輕鬆」是身體已經歪掉的訊號

戒掉不好的習慣，打造穩定不搖晃的身體軸心

有些無意之間的習慣也會造成體幹力下降或姿勢扭曲，舉例來說，「每次都用同一邊肩膀背著肩背包」「一坐到椅子上馬上就會翹腳」這種習慣，就會造成身體歪掉。更嚴重的，如果有[illegible]舒服」，或[illegible]習慣翹二郎腿比[illegible]可能身體已經歪掉[illegible]

當我們在翹腳的時候，雖然上方的那隻腳很輕鬆，但下方的腳卻會重心偏移，對臀部肌肉造成壓迫，讓肌力及柔軟度都變得不平衡，導致即使採取一般的姿勢身體也會有歪斜的情形，同時骨盆也會逐漸傾斜。而因為全身的骨骼與肌肉彼此之間有著複雜的連結與連動性，當骨盆處於傾斜的狀態卻又要支撐沉重的頭部及上半身，於是開始影響到全身各處，還可能讓左、右肩膀的高度及兩條腿的長度變得不一致。身體歪掉之後[illegible]肩膀僵硬、腰痛等[illegible]全身各處都不舒服，所以一定要儘快改掉翹腳這種不良的習慣。

在某些運動例如棒球、足球或網球，因為身體左、右兩側使力很不均勻的關係，有時也會有身體歪掉的煩惱。與淺層肌肉相比，深層肌肉偏弱的話會更容易有身體歪掉或疼痛的現象。而鍛鍊體幹，在體內打造一個穩定的軸心，則是可以預防受傷並且讓運動成績更有所進步。

會翹腳其實是因為身體下意識地想要尋求穩定的動作，同時翹腳也可能造成骨盆歪斜、臀部下垂、腿部變粗而讓體形失控，並且還會引起腰痛。

腰痛
臀部下垂
腿部變粗
可能造成！

一旦經常翹二郎腿的話，腿翹起來的那一側就不會使用到臀部的肌肉，進而造成臀部下垂。而為了彌補變弱的臀部肌肉，身體會去使用大腿的肌肉，於是讓腿部變粗，形成惡性循環。而這種狀況又會影響到骨盆和脊椎，甚至可能造成脊椎側彎。

＼臀部下垂！／

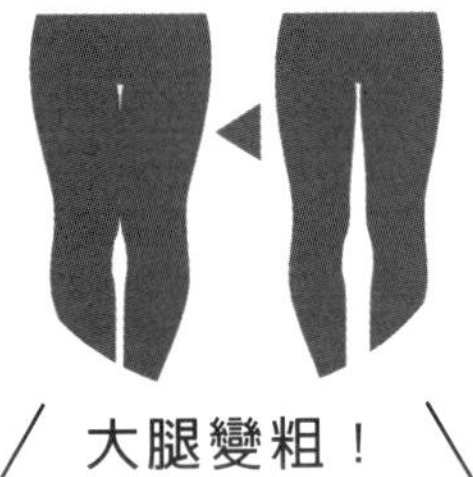
＼大腿變粗！／

＼脊椎側彎！／

讓身體學會正確的姿勢！

正確的姿勢能防止身體疼痛並讓體幹得到鍛鍊

正確的姿勢不只讓人擁有優美的體態，還能讓身體遠離肩膀僵硬或腰痛等不舒服的感覺，讓人更容易集中注意力，心情也能變得更加積極向前，所以請大家務必要學會它。那麼具體來說怎麼樣才是正確的姿勢呢？大家可以試著做做看。

保持站姿，將背肌伸直，下巴輕輕地向內收。從正面看，確認自己左、右的肩膀及骨盆高度是否相同。從側面看，耳朵、肩膀、髖關節、膝蓋、腳踝連成筆直的一條線，此時雙手如果是自然地位於大腿的正側面，就表示姿勢沒有問題。因為一旦背部是弧形的話，雙手的位置會比正側面再往前一點。坐在椅子上的時候也一樣，耳朵、肩膀、髖關節要排列成一直線。腳底接觸地面，調整座位的高度，。特別注意不要坐在過低的椅子上或是身體會整個陷進去的柔軟沙發，因為那會對腰部造成很大的負擔。此外，。所以如果在工作上經常要坐在辦公桌前的話，記得不要一直坐著，要經常起身活動才能預防腰痛。

耳朵、肩膀、髖關節位於同一條直線上的狀態是最好的姿勢。而在採取站姿的時候，膝蓋與腳踝也要位在同一條直線上，至於採取坐姿時，上半身與髖關節的角度以及膝蓋的角度則應該各自保持在大約90度。

站立時的姿勢

坐下時的姿勢

假設站立時椎間盤承受的負擔為100，那麼即使是正確的坐姿椎間盤也要承受140的負擔。如果是身體前傾地坐著，負擔還會上升到185。如果持續採取對身體造成負擔的姿勢，可能會造成腰痛等身體不舒服的情況。

正確姿勢的情況下也有140

如果是前傾姿勢的話
還會上升到185！

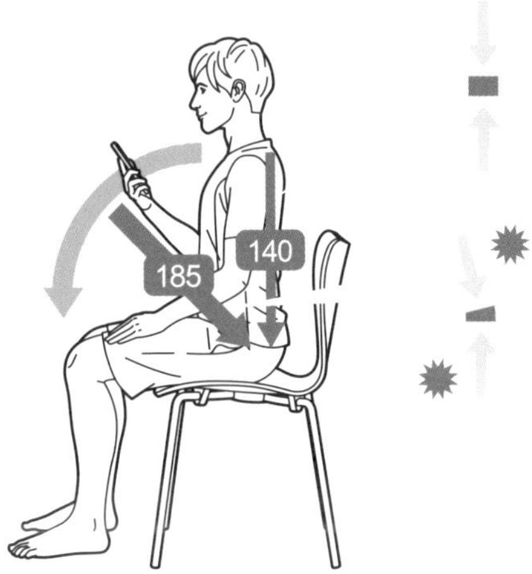

需要加以鍛鍊的「體幹」是什麼？

能夠維持動作起始點姿勢的肌肉

近年來，「體幹」在健康方面或美容方面受到許多人的關注，在電視上或雜誌上也經常能夠看到相關的討論。那麼，實際上體幹指的是身體的哪個部分呢？我們先來確認一下。體幹這個詞彙原本屬於醫學用語，身體分為頭部、上肢、體幹和下肢，而體幹指的是由胸部、背部、腹部及腰部四個部分所構成的軀體。和手臂及腿部相比，大家可能比較難以理解什麼是體幹的動作，但其實主要就是

除此之外，體幹的肌肉也參與了日常生活中各式各樣的動作。例如我們在「走路」和「跑步」的動作中將大腿向上抬的時候，首先就需要腰部肌肉的作用。而此時與腿部連動的擺動手臂動作，最開始也是先使用與手臂肌肉相連的背部肌肉。另外，在搭乘電車或公車突然遇到搖晃時，也是透過體幹取得平衡，立刻張開雙腿站穩以免跌倒。

不過在日常生活中會刻意去使用體幹肌肉，或是能夠均衡地鍛鍊體幹肌肉的人其實並不多，這可能是因為體幹的重要肌肉大多都位於身體的深處。

所謂的體幹，是指身體除了頸部以上、手臂與雙腳的部分（主要為胸部、背部、腹部、腰部）。除了維持姿勢，也是身體活動的起始點。此外，活動下半身的臀部肌肉，對於取得身體的平衡也是不可或缺的一部分。

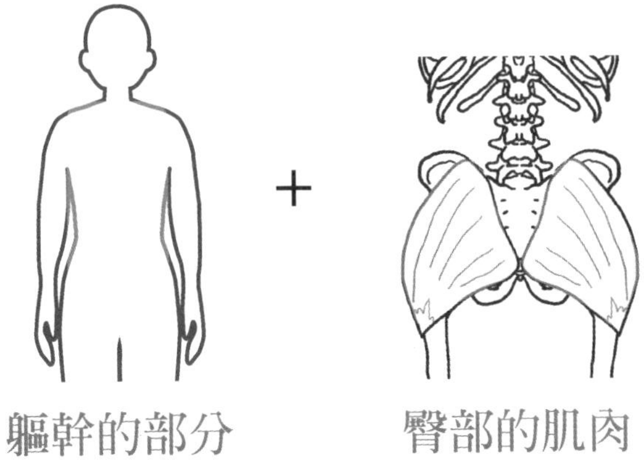

如果在電車或公車輕微地搖晃時站不穩，有可能是因為體幹力衰退的緣故。如果發現自己有這種情形的話，現在就開始來鍛鍊體幹吧！

在電車搖晃時經常站不穩的人，有可能是因為體幹力太弱了！

深層肌肉與淺層肌肉的平衡對於體幹極為重要！

必須刻意去刺激與體幹平衡有關的關鍵肌肉

我們的身體，是由位於身體表層的淺層肌肉，與位於身體深層的深層肌肉（Inner muscle）所構成。淺層肌肉，可以從手臂強壯的肌肉或成塊的腹肌來簡單看出鍛鍊的成果，因為這樣比較讓人有動力，所以有不少人會努力地進行相關的肌力訓練。另一方面，

舉例來說，雖然都統稱為腹肌，但最表層的是腹外斜肌，其下方則是腹直肌與腹內斜肌，再來就是最深層的腹橫肌。而這四種腹肌之中，對體幹訓練來說最重要的，就是屬於深層肌肉的腹橫肌。腹橫肌是呼吸中吐氣動作的主要肌肉，功能就像是護腰一樣能減輕對腰部的負擔。

當我們在進行訓練的時候，心裡要一邊想著「我現在要刺激這裡」一邊鍛鍊。其實體幹的功能原本就是作為所有動作的起始點，但之所以會衰退，就是因為在日常生活中沒有充分地使用到它。

而且，身體也會變得更加靈活，許多動作做起來都會變得不再吃力。

所謂體幹基本上指的是除了頭部、手臂和雙腿以外的軀幹部分。身體的肌肉分成很多層，而腹部的肌肉就占了體幹的很大部分。腹肌最外側的是腹外斜肌，再來是腹直肌、腹內斜肌，最深層的則是腹橫肌。一般人在訓練的時候，很容易把重點放在淺層肌肉，但其實為了鍛鍊體幹，淺層肌肉與深層肌肉都必須均衡地加以鍛鍊才對。

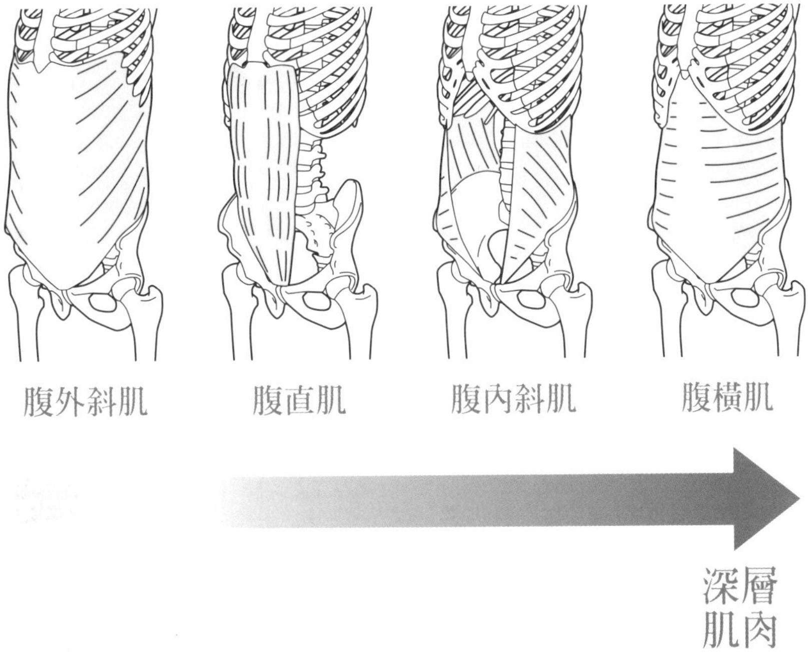

忽略了體幹的減重會讓肚子變大

只要增加腹壓腹部肌肉就會變得緊實

比起「就是很想變瘦，想要讓身體變得很纖細」，應該有不少認真減重的人真正想要的其實是「在該緊實的地方緊實，擁有完美曲線的好身材」吧！想要減少體脂肪，就是要「減少攝取的熱量，增加消耗的熱量」。可是，就算自己忍住不去吃最愛的甜點，而且也持續地健走或慢跑，為什麼肚子還是那麼大，水桶腰依舊是水桶腰呢？答案其實很簡單，

當然，皮下脂肪或體脂肪增加時也會讓腰部變粗，可是也有不少人的四肢雖然纖細，但肚子卻不小。這是因為不論是胖是瘦，

。所謂腹腔，是橫膈膜下方多個消化器官集中的空間，這個空間內部的壓力就稱為腹內壓。

只要這四種深層肌肉能夠共同緊縮提高腹內壓的話，背肌就會挺直，腰部也就會自然地緊繃。而如果在不了解這種身體結構的情形下進行減重的話，很有可能會因為基礎代謝下降而讓腹部變大得更快。

覺得自己「明明很注意飲食控制卻還是無法擁有理想的身體曲線」的人，有可能是因為體幹力不足的緣故。一旦腹內壓不足，不論再怎麼控制飲食，肚子依然不會變小。

腹內壓不足

內臟器官無法維持在正確的位置，脊椎前凸的情況會變得更嚴重。

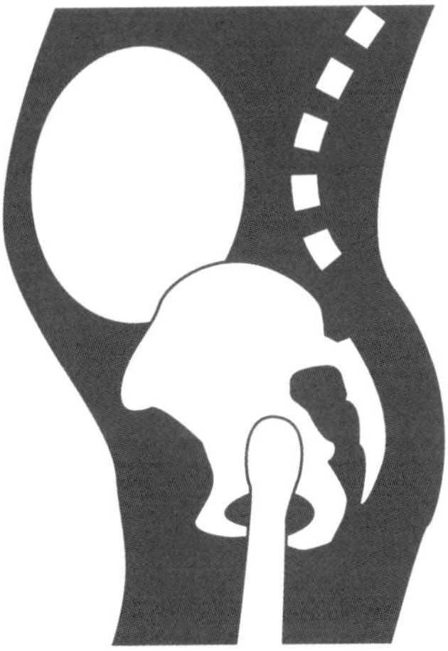

腹內壓夠強

能夠確實支撐腹部，並且能讓背肌挺直及骨盆腔穩定。

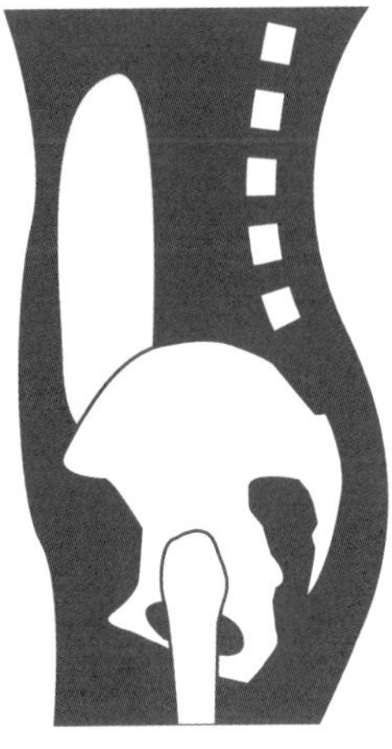

喚醒肌肉提升代謝能力！

基礎代謝是指即使在睡著狀態也會使用到的能量

在我們一天所消耗的能量中，用在日常生活或運動等身體活動的能量出乎意料地只有百分之三十而已，另外，消化食物的部分占了百分之十，而

因為肌肉除了要活動身體之外，還負責支撐骨骼、產生體熱，這些作用都需要能量。

一旦為了減重而控制飲食，讓身體攝取到的能量不足時，體內的肌肉會與堆積的脂肪一起被分解，轉換成能量被消耗掉。而

基礎代謝能力低的身體很容易復胖，脂肪很快就會回來，可是重要的肌肉如果沒經過扎實的訓練卻是回不來的，這就是只靠著控制飲食來減重的恐怖之處。

儘管如此，大家應該還記得當我們在活動身體的時候，首先使用到的就是體幹的肌肉。所以

如此一來，不只能讓姿勢變得優美，身材也會變得緊實健美。

當利用控制飲食等減重方式一直無法讓體重下降時，有可能是因為基礎代謝力太低的緣故。所謂基礎代謝，是指呼吸或心跳等為了維持生命所需的最低必要能量，會隨著年齡增長而逐漸下降。

[一天消耗的能量]

攝食產熱效應
約10%

[不同組織在基礎代謝中消耗能量的比例]

其它
16%
脂肪組織
4%
腎臟 8%
心臟 9%
肝臟
21%
腦部
20%

來源：改編自厚生勞動省「e-health net」

透過體幹的鍛鍊，
打造出容易燃脂的身體！

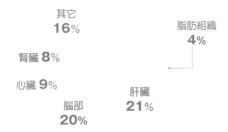

體幹對孩童與高齡世代的人都非常重要

在整段人生中都能防止受傷，讓人生更加豐富

體幹除了對注重訓練的青壯年人很重要之外，對於孩童以及高齡者來說，重要性更是大到會影響到整個人生。

我們的運動神經除了受到遺傳因素影響外，還會受到遊戲或運動的習慣與經驗很大的影響。孩童的五到十二歲期間被稱作黃金年代，是身體與運動能力發展最快速的重要時期，這段期間的生活方式可說是決定了往後的人生。近年來，

即使不以運動員為目標，光是認真地投注心力在體育活動上這一點，就能讓孩童在面對事情的思考方式、身體與心理的健康發展、以及人際關係等各方面獲得成長。

而高齡世代的人，如果想要盡情地享受旅行或自己的嗜好，最大的前提就是擁有充滿活力、能夠隨意活動的身體。

個體之間的差異會隨著年齡的增長而愈來愈大，有些人即使年紀大了但外表看起來仍像是年輕十幾二十歲一樣，但可惜的是也有些人看起來完全相反。希望大家在聽到「都已經一把年紀了」的這種話時可以一笑置之，繼續努力地鍛鍊體幹。

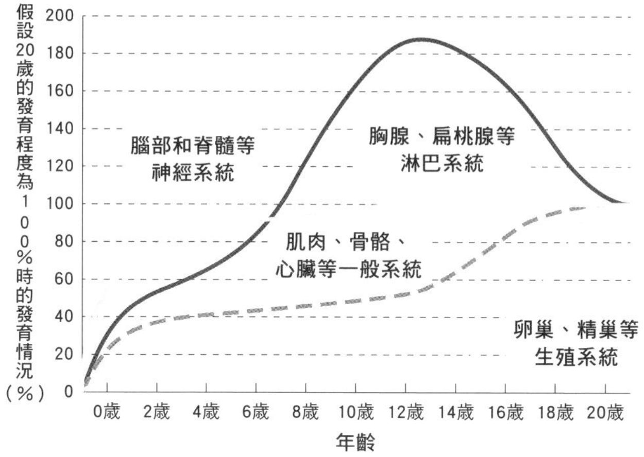

5歲～12歲是發育最顯著的時期，其中身體能力與運動神經更是會飛躍性地成長。在這個時期體驗過的動作會刺激腦部，讓人在短時間內學會身體的活動方式及運動能力。這個時期學會的動作還有一個特性，那就是即使長大了以後也不容易忘記，還會影響到這輩子的運動能力。

來源：Scammon, R, E.(1930). The measurement of the body in childhood, In Harris, J, A., Jackson., C, M., Paterson, D, G. and Scammon, R, E.(Eds). The Measurement of Man, Univ. of Minnesota Press, Minneapolis.

雖然隨著年齡增長體力與肌力都會有衰退的傾向，但有些人看起來就是非常朝氣蓬勃、充滿活力，讓人感受不到他／她們的年齡。這種巨大的差異就表現在身體的活動能力，只要擁有體幹力，就能用自己的雙腳去自己想去的地方，在心理及生理方面也就都能保持在生氣勃勃的狀態。

分歧點在於是否擁有體幹力！

利用任何人都做得到的三種訓練方式來打開體幹的開關！

只要體幹覺醒，身體就會改變

只要能確實使用到體幹，不只姿勢會變得優美，也可以跟肩膀僵硬或腰痛說掰掰，讓身體變得更容易活動、較少疲累。既然如此，為什麼我們在做出沒有使用到體幹的不良姿勢時，會覺得比較輕鬆呢？這是因為我們的生活已經轉變成交通工具十分發達、不管去哪裡都有電梯或電扶梯可以使用的情況所導致的。而生活的便利性與舒適性所換來的，就是我們幾乎失去了鍛鍊體幹的機會。如此一來，當我們想要利用已徹底陷入休眠狀態、瘦小又不靈活的肌肉來做出正確的姿勢時，當然會覺得特別辛苦。而Draw in是一種將空氣慢慢吸入讓腹部膨脹，再一邊慢慢吐出一邊讓腹部凹陷的訓練法，能夠對強化體幹不可或缺的深層肌肉造成刺激。伸展運動能提高肌肉的柔軟度與平衡性，防止身體受傷。而且因為還能夠讓刺激變得更容易進入肌肉，所以也能提升肌力訓練的效果。而體幹訓練，則是可以促進負責調整姿勢的深層肌肉與周圍肌肉進行連動，變得能夠順利地加以使用。這些訓練方式不論是誰都做得到，而且任何人都能輕鬆地持續下去。為了讓自己的外表恢復青春，讓身體回到可以輕鬆活動的狀態，從今天起，馬上就來開始進行吧！

身體的前後左右都被肌肉包圍著，要讓身體醒來，就需要對所有的這些肌肉，也就是身體一整圈的肌肉施加刺激。想要上了年紀之後依舊擁有朝氣蓬勃、不知疲累的身體，鍛鍊體幹是極為重要的一環。

想要喚醒身體，光靠體幹訓練還不太足夠。能夠讓肌肉更為柔軟的伸展運動、能提高體幹訓練效果的Draw in呼吸法都是不可缺少的步驟。只要執行這兩個步驟再加上確實地進行體幹訓練，身體就會有肉眼可見的變化。

提高柔軟度的伸展運動 ＋ 穩定身體軸心的Draw in呼吸法 ＋ 能讓全身緊實的體幹訓練

Column

改變長友佑都選手命運的體幹訓練

長友佑都選手是與川島永嗣選手及長谷部誠選手並列，參加過最多次世界盃足球賽的日本選手，目前在法國的馬賽奧林匹克足球隊中也有亮眼的表現。雖然身為代表日本的職業足球選手，但他從高中時期就患有腰痛症狀，到了大學時代，更因為椎間盤突出和腰椎滑脫症幾乎危及選手生涯。於是他從提高深層肌肉柔軟度的訓練開始，針對比腹肌前側與背肌更加虛弱的腹橫肌與腹斜肌進行強化，改善肌力平衡。讓肌肉就像護腰一樣包覆住體幹部，克服了嚴重的腰痛。長友選手直到現在也都還在進行體幹訓練，向世界展現出它的重要性。

第 2 章

在日常生活也能派上用場的
體幹力

打造出一個不知疲勞為何物的身體

對消除疲勞也很有效的體幹訓練

一人早搭著擁擠的電車搖搖晃晃，到了辦公室之後精疲力竭，還沒開始工作就覺得疲勞，才在辦公桌前坐了一個小時就腰痠背痛……。而在學校，也有不少孩童在第一堂課就滿臉疲倦。有愈來愈多人「容易感到疲倦、無法消除疲勞」，在這個現象的背後，是過勞的生活、紊亂的生活作息、不良的飲食習慣、睡眠不足、人際關係等種種交織而成的因素，無法用一般的辦法來解決。

不過，有一種說法倒是很準確，那就是

。具體一點來說，是指關節的可動範圍廣、肌肉與肌肉之間有良好的協調性、同時肌力也很足夠的一種狀態。以走路這個動作為例，如果關節的可動範圍很大，那麼步數不用多就能移動。而從活動髖關節的腸腰肌開始，到大腿前側的股四頭肌為止，

而透過體幹訓練，不只可以鍛鍊身為所有動作起點的深層肌肉，所進行的Draw in呼吸法及伸展運動，更是為了讓身體能夠活動自如而不知疲憊。只要能夠持續下去，在工作或做家事的空檔之餘利用Draw in呼吸法或伸展運動就能消除疲勞，而且還有機會擁有一個不會疲勞的身體。

肩膀僵硬或腰痛等慢性的身體疼痛，有可能是因為體幹力太弱的緣故。如果能對體幹加以鍛鍊，調整身體的平衡性，身體就能逐漸變得不容易疲勞。

令人煩惱的身體不適感與倦怠感……

才發現已經變成不知
疲勞為何物的身體！

平衡感良好穩定性佳的身體不易受傷

還能盡情享受體育運動及戶外活動

眼看著快要趕不上電車所以用跑的結果摔了一跤、為了閃避突然衝出來的腳踏車結果扭傷了腳、在親子運動會上參加賽跑結果跌了一大跤……明明正處於身強力壯的壯年期，有時候卻又會在意想不到的地方受傷。一受傷就會讓日常生活變得行動不便，還妨礙了工作，糟蹋了期待已久的假日，想必如果可以的話，大家都不想發生這種事情吧！

更進一步地，如果因為身體歪掉而讓肌力不平衡、或是肌肉柔軟度不足的話，更是會變得即使只是一些細微的動作也很容易受傷。

體幹訓練的目的不只是增加體幹的肌力，還有增加身體的柔軟度與平衡感。如果這些日常生活中不會刻意使用到的深層肌肉能夠被喚醒的話，身體的平衡感就會增強。這麼一來，

同時各肌肉之間的協調性也會變好，所有的動作變得行雲流水，遇到危險時也能夠反射性地加以迴避。如此一來，就不會在意想不到的地方受傷，從日常生活到體育活動或戶外活動，也就都能夠盡情享受人生了。

體幹力衰退會導致身體歪掉，進而失去平衡感，
除了會讓很多地方變得不舒服，還會變得很容易受傷。

體幹力衰退

一旦體幹力不足，就無法維持正確的姿勢而導致身體歪掉。這種狀態持續下去的話，身體各處肌肉的肌力會變得不平均，失去身體的平衡性。

身體失去平衡感

一旦身體失去平衡感，就很容易站不穩而跌倒，遇到緊急情況時也很難應變，可能因為一些小事就容易受傷或發生意外事故。

身體變得很容易受傷！

透過體幹力的鍛鍊，能將平常因為姿勢或動作而日積月累的身體歪斜情況加以矯正，
改善身體的平衡感，瞬間爆發力與反射神經也會變好，
站得更穩，身體更不容易受傷。

瞬間爆發力或反射神經變好

結果

＼能夠防止自己受傷！／

活化「第二大腦」——腸道

腸道也會製造幸福荷爾蒙「血清素」

一旦體幹部的深層肌肉衰退，就可能會讓排便變得不順暢而導致便祕。由於我們的腸道內存在的免疫細胞占了身體六成以上，一旦腸道內的環境惡化，身體就會變得比較容易生病。

有「幸福荷爾蒙」之稱的血清素，是一種能帶來幸福感、有效讓身心放鬆的物質。例如我們在吃完飯的時候，會覺得放鬆想睡，就是因為腸道在活潑地蠕動，大量分泌出血清素的關係。相反地，一旦覺得緊張的時候就會肚子痛，感受到強烈壓力的時候就會便祕或拉肚子。這些現象，都是因為我們的心理與腸道彼此是相互作用的。

當腸道狀態良好時，會更容易分泌帶來幸福感的血清素，進而減輕壓力保持心理的平衡狀態。

腸道不只負責食物的消化與吸收，能調節心理平衡性的神經傳導物質血清素有95%也是由腸道製造出來的，對人的心理層面來說是非常重要的器官。

利用體幹訓練鍛鍊深層肌肉

鍛鍊腹部、背部及腰部的肌肉能增加腹內壓，讓內臟的活動更為活躍。

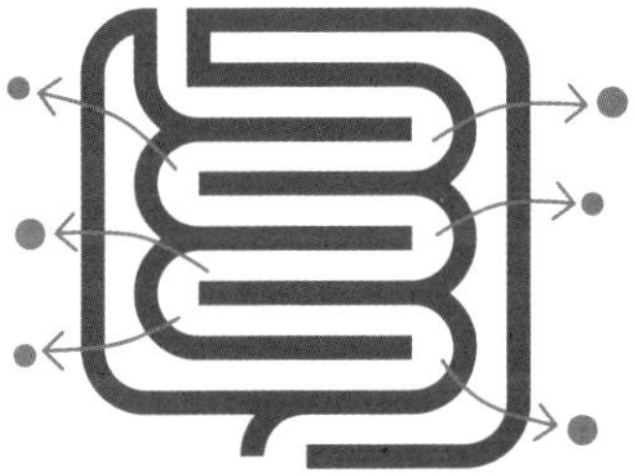

腸道的蠕動更活潑，分泌出血清素

腸道的運動變得活潑後會更容易分泌出具有放鬆效果的血清素。

精神穩定能夠保持心理的平衡狀態

減輕壓力、穩定精神，保持心理的平衡狀態。

讓人晚上睡得好且早上醒來時神清氣爽

腸道也會左右我們的睡眠品質！

大家有聽過「睡眠負債」這個詞嗎？這是一種長期睡眠不足，就像欠債一樣不斷累積，結果引起各種身體不適的狀態。日本人的睡眠時間比世界上其他國家更短暫，而且明明身體很疲勞卻要花很長的時間才能入睡。也有愈來愈多人患有睡眠障礙，即使睡著了也無法消除疲勞、睡眠很淺、在上午或白天時總有強烈的睡意來襲。一旦沒有充足的優質睡眠，會降低免疫力及提高罹患生活習慣病的風險，在心理層面上也有容易陷入憂鬱狀態的傾向。

體內要製造調整睡眠節律的荷爾蒙「褪黑激素」時，需要一種由蛋白質分解而成的胺基酸「色胺酸」。此外，腸道製造的幸福荷爾蒙「血清素」，也是合成褪黑激素的前驅物。一旦血清素的分泌量減少，褪黑激素也會跟著減少。

而睡覺前的伸展運動，還能事先放鬆肌肉，讓我們在醒來時覺得神清氣爽。

睡眠是維持人體健康極為重要的一環，然而在日本，
每五個人就有一人感覺自己沒有得到充足的睡眠。

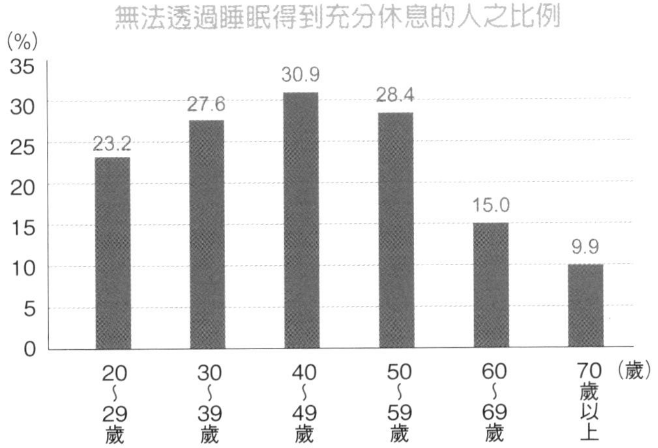

出處：根據厚生勞動省《平成29年「國民健康、營養調查」之結果》製作

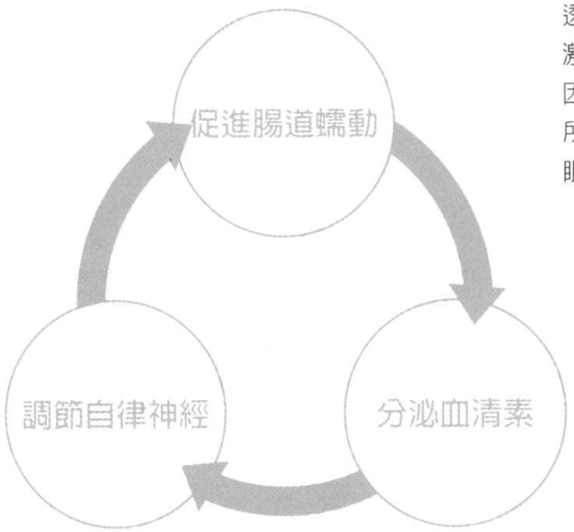

透過體幹鍛鍊能刺激腸道的蠕動，進而讓褪黑激素的分泌更為順暢，使人容易入睡。另外，因為能調節自律神經的血清素分泌也被活化，所以能提高放鬆的效果，給人帶來優質的睡眠。

從長年的腰痛與肩膀僵硬中得到解放

緩和、放鬆、均衡地進行鍛鍊

在問到平常身體哪裡會覺得不舒服的相關問卷中，「腰痛」與「肩膀僵硬」絕對是排行榜中前幾名的老面孔。而雖然電視或健康雜誌也報導過不少解決辦法，但若只是囫圇吞棗地照做，有時反而可能會造成反效果。大家可以參考左頁的內容，檢查有哪些行為是不可以做的。

在感到疼痛的時候過度進行訓練，可能會讓發炎情形惡化，所以首先要做的是讓緊繃的肌肉放鬆下來，放鬆肌肉是改善肩膀僵硬或腰痛不可或缺的一環。例如體幹訓練的基礎

慢性的肩膀僵硬或腰痛，可以透過熱敷身體加強血液循環的方式，將代謝廢物及造成疼痛的物質排出體外，緩和症狀。而身體在暖和之後，關節與肌肉的活動性會變得更順暢，還能夠加強伸展運動或肌力訓練的效果。雖然在疼痛的急性期身體需要休息，但光是這樣並不能消除身體的不適。

大家可以感受一下，擁有一個「沒有疼痛不適、能夠輕鬆活動的身體」，會是多麼地開心啊！

腰痛時的錯誤行為

把各種聽來的腰部體操全部試一遍

雖然坊間有各式各樣治療腰痛的方法，但未必都適合自己腰部的狀態。只是因為「聽說那個方法不錯」就隨便亂試的話反而會造成危險。

因爲腰痛所以能不動就不動

在閃到腰之後，大部分人都會因為怕痛而不想動，不過如果在治好了之後還是一樣不活動的話，很可能會陷入肌力衰退然後身體狀態惡化的惡性循環。

胡亂地伸展腰部

就算因為腰痛，如果在做伸展運動的時候過度拉伸，也有可能造成危險。過度地伸展會造成肌肉拉傷，不但無法減緩疼痛，還可能讓情況更為惡化。

肩膀僵硬時的錯誤行為

不斷地敲打肩膀或背部

雖然敲打僵硬的部分會瞬間感覺比較輕鬆，但若是對肌肉施加過度的刺激，可能會造成肌肉組織受傷、引起發炎的反效果。

因爲感覺很舒服所以常常去轉脖子發出咔咔聲

會發出咔咔聲其實是因為關節之間累積的氣泡破裂的聲音。太常去轉脖子發出咔咔聲，有時可能會讓關節面發生損傷。

把螢幕放在看起來比較輕鬆的位置

就算本人在使用上比較方便，但若是因為位置錯誤而造成姿勢不良的話，會讓症狀更為惡化。正確的姿勢對於改善肩膀僵硬是很重要的一環。

Column

如何分辨哪種疼痛必須就醫

想要改善肩膀僵硬或腰痛等慢性疼痛，在開始進行體幹訓練的時候一定要刻意去感受「腹內壓」。一旦腹內壓不足就很容易變得腰椎前凸，不但得不到訓練成效，有時還會讓疼痛狀況更為惡化。所以最好先從Draw in呼吸法開始，等到有了能夠增加腹內壓的感覺後再開始訓練。以正確的方式進行訓練也非常重要。另外，即使是在進行日常生活中的站立、走路、坐下、煮飯等動作時，也要時刻去感受腹內壓並檢查自己的姿勢。由於疼痛是因為身體僵硬讓可動範圍變窄的關係，所以養成做伸展運動的習慣。如此一來，應該就會有疼痛漸漸獲得改善的感覺。

如果遵守這些原則進行訓練而疼痛仍持續兩天以上，或是除了疼痛之外還有發麻或發熱的現象時，就有可能是因為其他自己沒有想到的潛在原因。還有，如果是因為跌倒等原因造成明顯且強烈的疼痛時，最好去醫院檢查。

第3章

訓練之前應該
先了解的基本知識

與運動神經無關！身體驚人的活動能力

斬斷「惡性循環」，享受豐富的人生

生活在現代社會的我們，不用勞動身體就能享受到便利又舒適的生活。可是也因為如此，我們的肌力在不知不覺間逐漸衰退、姿勢變得不良，然後在身體各處引發肩膀僵硬、腰痛等各式各樣的不適感。如此一來，身體在活動時就變得很辛苦、柔軟度變差、身體變得肥胖，然後就是愈來愈不想動，結果肩膀僵硬及腰痛更為惡化……。

而只要能夠持續進行體幹訓練，肌力及可動範圍就能有所改善，體幹也會更為平衡，感受到自己的身體在逐漸改變。思考方式會變得更正面，心理層面上也會更從容。還能夠強化內臟器官的機能，提高睡眠品質，這些都是身心開始找回原本所具備力量的跡象。而背肌也會變得更為挺直，腰部變得緊實，從外觀上也能清楚看到身體的變化。

好不容易有了改變，也來重新檢視一下自己的生活型態吧！長期用相同姿勢坐辦公桌引起的疲勞，或是因人際關係所產生的精神疲勞，可以透過輕度的身體活動來消除，也就是所謂的動態休息（active rest）。或者去從事新的體育運動也是不錯的方法，體幹的平衡感變好之後，可以學得更快也更不容易受傷，培養出能夠享受一輩子的興趣。

除了在日常生活中能實際感受到身體活動起來變得更靈活之外，即使是沒有運動習慣的人，也會覺得在進行某些體育活動時身體動起來更輕鬆。

陪別人打高爾夫球時也不會覺得辛苦了！

對沒有運動習慣的人來說，一直都不感興趣的體育運動在體幹力增強之後，也會自然地有良好的表現。

可以長時間地陪孩子一起玩！

要陪精力充沛的孩子一直玩耍是一件非常辛苦的事，但若是擁有體幹力的話，即使面對充滿體力的孩子也有精力一起玩了。

能培養出更多的新樂趣

有不少人雖然知道自己運動不足，但又覺得自己在運動方面很不在行所以望而卻步。但只要能夠增強體幹力的話，就能減少受傷的風險，也就能挑戰更多的運動了。

在家裡也能簡單完成！光靠自身重量就能鍛鍊體幹

透過簡單的訓練就能讓身體確實發生改變

就算覺得「打鐵要趁熱，就從今天起馬上開始進行訓練吧！」，但是要進行訓練，還需要考慮到可能需要的特定健身器材，或是否一定要去健身房，另外，也需要挪出必要的費用與時間。

而　因為只需要自己的體重作為負荷的重量，不論何時何地，只要想起來的瞬間立刻就能開始進行。

而且，每一個訓練的動作都很簡單，不用花費很多時間。做起來不吃力卻在持續一段時間後，身體就會確實發生改變。由於訓練能夠改善腹內壓不足、體幹不平衡或柔軟度不足而造成的不舒服以及改變身材，同時也能開始進行一些以前做不到的運動，建議在習慣了訓練之後，可以再根據自身的喜好或需求來制定訓練菜單。

想要擁有確實的訓練成果時，請記得要經常確認訓練的動作有沒有變得自成一格、有沒有發揮效果，

體幹訓練不需要特別的健身器材就能進行鍛鍊，所以任何人都能馬上開始。因為也不需要特別的場地，所以只要自己覺得方便就能進行。

不需要特別的健身器材！

因為只要利用自身重量就能進行訓練，所以不需要準備任何健身器材。負荷的重量也能配合自己的步調進行調整。

只需要很短的時間就能進行！

一天只需要幾分鐘進行訓練，所以再忙的人也可以趁著電視播放廣告或睡前等空閒的時間來進行。

不需要特定的場地就能進行！

因為不需要寬廣的空間，所以在家也能簡單實踐。想到時馬上就能進行也是這種訓練有趣的地方。

腹式呼吸是鍛鍊體幹力的基礎

從身體內部緊緊地擠壓你的胃

體幹訓練的基礎，是一種名為「Draw in」的呼吸法。可能有人會覺得奇怪，明明是在鍛鍊肌肉，為什麼一個呼吸法如此重要呢？所謂的Draw in呼吸法，是將空氣深深地吸入讓腹部膨大，然後在吐氣的時候把空氣全部吐乾淨將腹部確實地縮小，所以也稱為腹式呼吸。

雖然只是極為單純的動作，但從身體內側收緊腹部會提高腹內壓，並且能夠對腹內壓相關深層肌肉的橫膈膜及骨盆底肌肌群施加刺激。因為能有效強化體幹部，所以與淺層肌肉之間的連動性也會提高。這樣一來，身體能夠活動的肌肉增加，基礎代謝能力上升，脂肪也會變得更容易燃燒。增加腹內壓能強化內臟的機能活性，因此睡眠節律與自律神經的均衡性也會獲得改善。更進一步地，脊椎的S型線條會變得更漂亮，凸出的小腹也會變得緊實平坦。

有些人一聽到鍛鍊體幹就不顧一切地鍛鍊腹肌或背肌，但下方的超音波照片，分別是在進行腹式呼吸之前與之後所拍攝的腹部肌肉活動情形。
雖然只是進行腹式呼吸，但可以看出肌肉有確實地活動。

[沒有用力時的腹部肌肉]

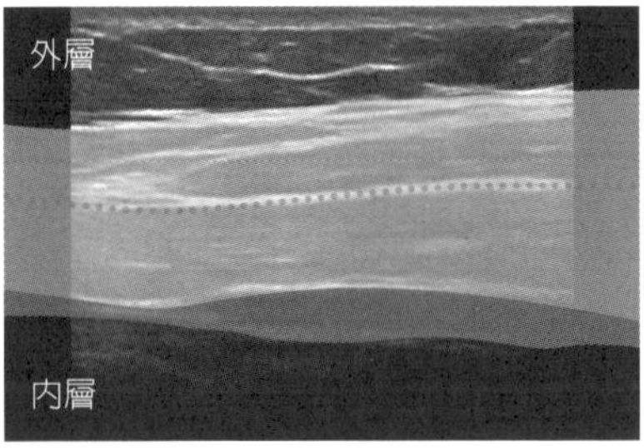

[腹式呼吸時的腹部肌肉]

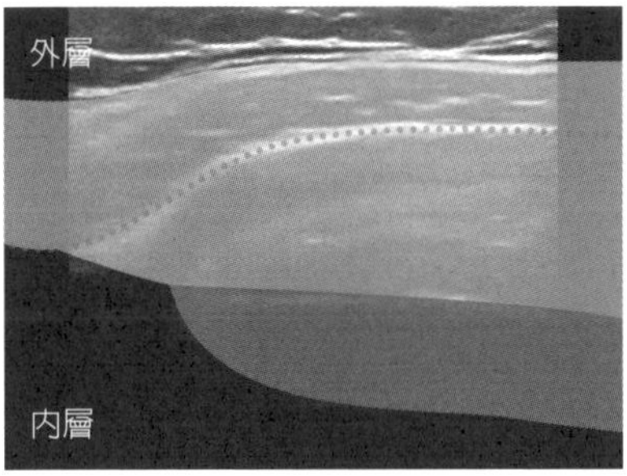

照片提供：五十嵐運動針灸接骨院

只要進行腹式呼吸
就能鍛鍊腹部！

體幹訓練不可或缺的一環！伸展運動的重要性

伸展運動能預防受傷、提升肌力訓練效果、減輕疲勞

有一種說法認為「伸展運動會降低肌力與運動上的表現，所以不要在肌力訓練之前進行」。不過因為利大於弊，本書還是建議大家在進行體幹訓練之前要做伸展運動。如左下圖所示，姿勢良好的人由於深層肌肉仍保有肌力與柔軟度，所以脊椎就像堆疊整齊的積木一樣十分穩定。另一方面，姿勢不良的人由於脊椎骨會被柔軟度不佳的肌肉拉扯，有時候可能會因為一點閃失所造成的錯位而引發疼痛。若是經常彎腰駝背，或是站立或坐下的時間太長，即使是年輕人也很容易關節僵硬、姿勢扭曲。

透過伸展運動放鬆肌肉之後，能讓關節的可動範圍變大，身體變得更容易活動，也就能以正確的姿勢確實鍛鍊到想要鍛鍊的肌肉。而且肌肉伸展開來之後，也能促進血液循環，讓刺激更容易傳導到肌肉，提高訓練的效果。更進一步地，血液循環變好了之後，負責運送氧氣的血紅素也會變得更為活化，能有效減輕訓練之後的疲勞。

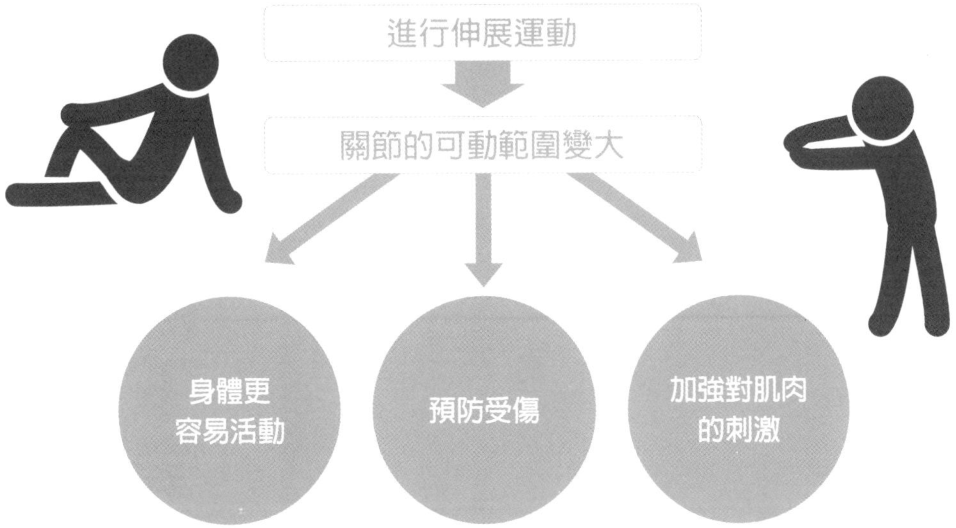
進行伸展運動
關節的可動範圍變大
身體更
容易活動
預防受傷
加強對肌肉
的刺激

透過伸展運動增加身體的柔軟度之後再進行體幹訓練，能穩定脊椎，讓整體骨骼能「柔韌地」在適當的範圍內活動，身體也就能保持正確的姿勢。

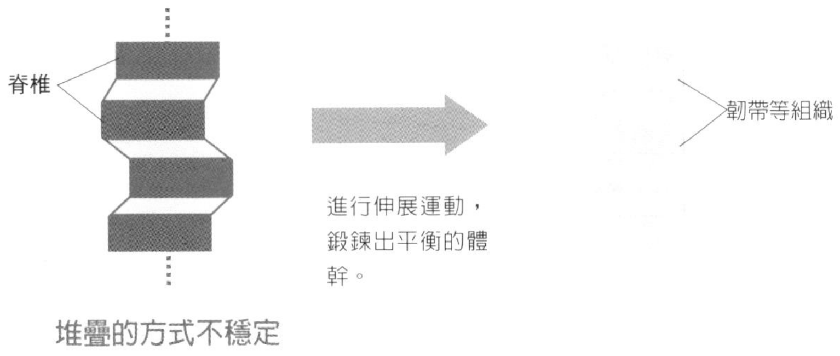
脊椎
韌帶等組織
進行伸展運動，
鍛鍊出平衡的體
幹。
堆疊的方式不穩定

轉換既有的習慣能讓訓練更容易持續下去

只要能持續三個星期就能養成習慣

除非是擁有明確的目標，一定要在下次比賽得到好成績所以特意進行刻苦訓練的人，一般來說，就算是再適合的訓練方式，最難的部分還是能否養成習慣、持續地進行下去。而

另外，明明打算要做卻不小心忘記、沒有時間、提不起勁等，因為這類微不足道的理由而挫敗的情況也不少見。

方法很簡單，將每天一定會做的事情（習慣），轉換成體幹訓練，成套地一起執行。舉例來說，在早上起床的時候、洗完澡的時候、或是睡覺前躺在床上的時候，把伸展運動當作必備的過程；站在鏡子前刷牙的時候，就直接進行Draw in腹式呼吸；把泡咖啡時等熱水沸騰的時間，或是一定會看的連續劇播放廣告的時候，當作進行訓練的時刻。就像洗臉、刷牙一樣，不斷地持續下去直到身體會下意識地去做這些動作，一不做就會覺得怪怪的為止。

將「在洗手間刷牙」或「在客廳看電視」等已經養成的習慣與新的習慣結合在一起，能降低養成習慣的難度。

如果能針對無法做到的時候制定一個備援計畫（例如早上沒辦法做那就改到睡前進行），會更容易持續下去。

養成習慣的訣竅

- 與既有的習慣連結在一起。
- 明確決定好「什麼時候」「在哪裡」「做什麼」。
- 事先制定好做不到時的備援計畫。

〈常見的習慣〉

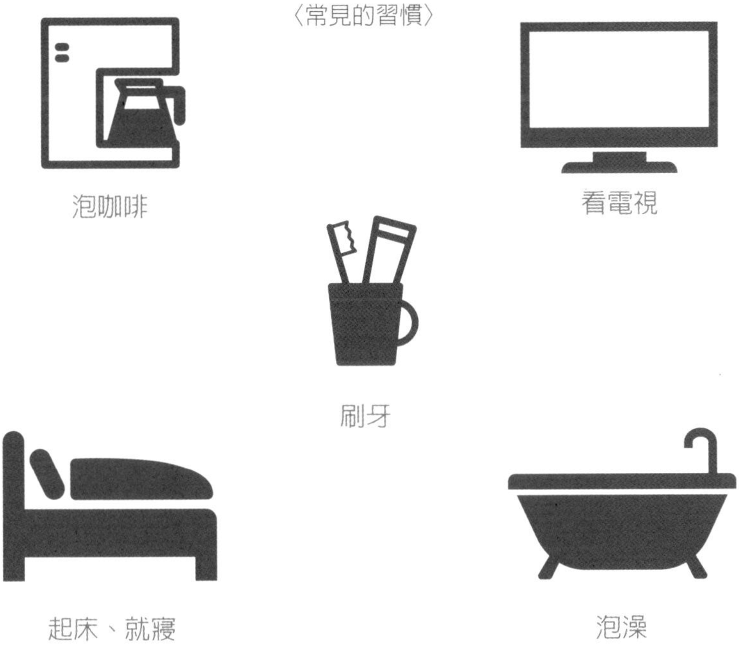

你是哪一種類型？

能養成習慣的類型VS容易感到挫折的類型

不論在哪個領域，掌握成功的關鍵除了擁有特別的才能外，
更重要的是「堅持到做出成果為止」。
能養成習慣的類型與容易感到挫折的類型各自有什麼傾向，
一起在了解之後磨練出自己能夠持續下去的力量吧！

想到要做什麼的時候

決定要做的時候當天就會開始，制定好計畫按部就班、孜孜不倦地持續進行。

容易感到挫折的類型

決定明天再開始，漫無計畫看當天的心情做事。

遇到瓶頸的時候

確定自己「什麼事做得到、什麼事做不到」，減輕自己的焦慮，認清現實盡力做好。

容易感到挫折的類型

自暴自棄覺得「反正我就是這樣啦」「果然還是不行吧」，心裡陷入焦慮無法繼續前進。

遇到難以跨越的障礙時

不論幾次都能回到基礎點，腳踏實地地反覆練習，努力度過難關。

容易感到挫折的類型

學習新的技巧或高難度的技巧，想要轉敗為勝。

第 4 章

開始實踐吧！

體幹訓練

你的體幹力有多少？

現在先來確認自己的體幹力吧！如果無法做出這個姿勢，就表示體幹力正在衰退中。
另外，也建議在訓練持續進行了一段時間之後，
用這個姿勢確認自己的體幹力上升了多少。

測定體幹力的姿勢

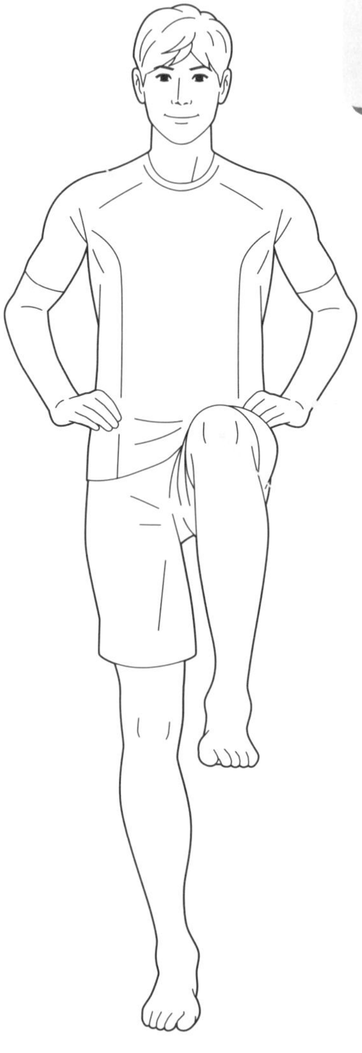

上半身不要向前傾。
雙手插在腰上。
膝蓋直直地向上抬。

維持姿勢的時間

30秒

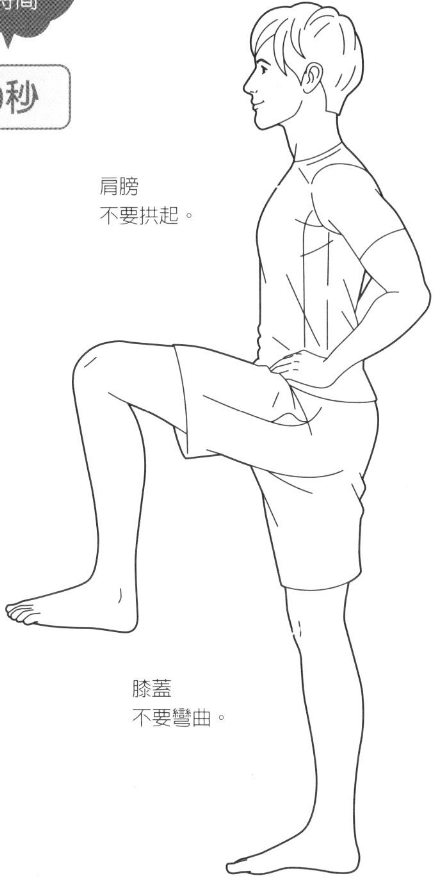

肩膀
不要拱起。

膝蓋
不要彎曲。

如果是孩童的話，因為身體比較柔軟，可用雙手抱膝往腹部抬。

NG

上半身向後傾
且膝蓋彎曲。

NG

身體向側邊歪
斜或搖晃。

對強化體幹力很重要的四個肌肉

了解各肌肉的功用之後鍛鍊起來會更有效果

請大家務必要記住，腹橫肌、腸腰肌、多裂肌、臀大肌，是四個非常重要的肌肉。

腹橫肌是由四層肌肉（從體表開始分別為腹外斜肌、腹直肌、腹內斜肌、腹橫肌）所構成的腹肌中，位於最深處的肌肉。這個深層肌肉所覆蓋的範圍從胸骨劍突開始，環狀包覆住下腹部、側腹部以及脊椎。在腹式呼吸中吐氣的時候會用到它。

腸腰肌是連接腰椎與股骨的肌肉（腸骨肌、腰大肌、腰小肌）之總稱，一旦肌力衰退的話，體幹的力量會變得難以順利傳導到手臂與雙腿，讓大腿與小腿肚變得鬆弛。姿勢前傾或骨盆後傾是肌力衰退的主要原因，同時會導致它們的拮抗肌——臀大肌也一起變弱。

臀大肌是覆蓋住臀部的大塊淺層肌肉，

多裂肌是從頸椎一直延伸到骨盆的細長型肌肉，在穩定脊椎及活動脊椎時都會使用到。

在進行體幹訓練時，必須要特別去感受這些肌肉。

在此介紹一下對鍛鍊體幹力很重要的四個肌肉。透過鍛鍊這些肌肉，能讓上半身與下半身之間的連動更為順暢，使身體擁有穩定平衡的軸心。

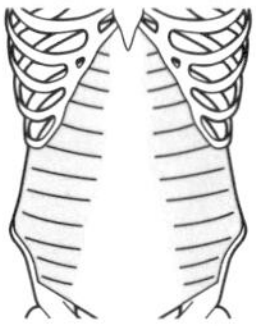

腹橫肌

位於腹部的深層位置，包覆住內臟的肌肉。因為具有穩定脊椎的功能，所以能讓身體保持穩定與優美的姿勢。

訓練頁面
初級篇→P80　中級篇→P88

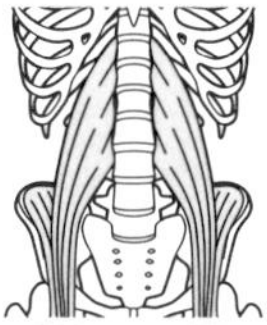

腸腰肌

位於腰部深層，連結上半身與下半身的肌肉。具有維持身體站立姿勢，以及抬起腿部的功用。

訓練頁面
初級篇→P82　中級篇→P90

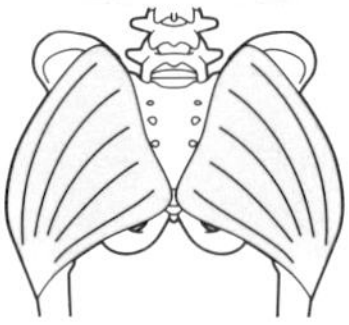

臀大肌

臀部上最大塊的肌肉。具有支撐骨盆的作用，鍛鍊後能穩定身體的體幹部分，強化上半身的機能。

訓練頁面
初級篇→P84　中級篇→P92

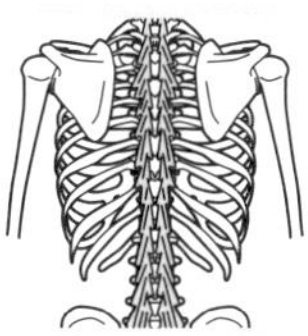

多裂肌

沿著脊椎從頸部一直延伸到骨盆的肌肉。在扭動身體及身體向後彎時會使用到，鍛鍊之後能減輕腰部承受的負擔。

訓練頁面
初級篇→P86　中級篇→P94

比起次數的多寡，「姿勢正確」更重要

錯誤的姿勢會造成受傷或疼痛

為了讓體幹訓練能有效地進行，Draw in呼吸法和伸展運動是不可少的。除此之外，以正確的姿勢進行這些動作更是無比重要。舉例來說，在健身目標為「每天做一百次腹肌運動」的案例中，比起姿勢正確與否，幾乎所有人都會更拘泥於做的次數而快速反覆地進行。這種方式不只無法強化體幹，還會因為快速反覆的動作而造成骨盆不穩定，且容易讓腰部向後彎，對豎脊肌造成過度負荷，增加腰痛發生的風險。

像是自己的身體有沒有呈現一直線、腰部有沒有向後彎、骨盆有沒有歪向左右兩側等情形，每次訓練時都要檢查。

愈是一流的選手，在進行基本練習或訓練的前後都會非常重視伸展運動。因為他/她們都很了解所有的成果都是建立在良好的基礎上，如何發揮瞬間爆發力與持久力、學習高度的技巧以及如何防止自己的身體受傷，這些環節都是缺一不可的。

另外，在遇到瓶頸的時候，很可能是在基礎上有所忽略或錯誤，所以確認自己的姿勢是否正確也可以作為把握自我狀態的指標。

雖然拚命地進行訓練，但如果姿勢不正確的話，別說無法得到好的效果，還可能會讓自己受傷。希望大家能記住這個觀念，那就是比起做的次數，首先該做的是學會正確的姿勢。

NG

導致腰痛或受傷！

重要的是以正確的姿勢進行訓練

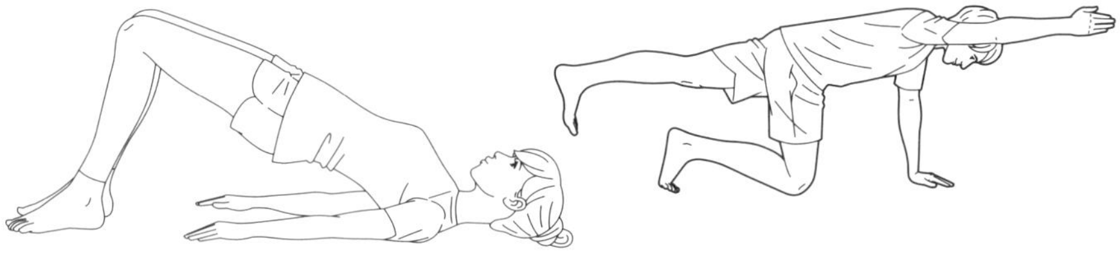

每星期三次、進行三個項目、每次三分鐘就OK了！

用三個星期的時間，把體幹訓練變成一輩子的習慣

在開始訓練前，先來決定自己的目標吧！如果有了具體的目標，諸如「想改善姿勢或身材，穿上喜歡的衣服把自己打扮得美美的」「治好腰痛登上百岳」「順利完成全程馬拉松」等，也能提升自己的動力。

在第一個星期，每天都挑選兩種不一樣的訓練方式進行，利用每天不同的訓練，能夠鍛煉到的肌肉和效果都不一樣，這樣就不會感到厭煩而能夠持續下去。雖然全部加起來一天大概只需要花三分鐘的時間，但若是沒有運動或訓練習慣的人可能會感到肌肉疼痛，不過這也是想鍛煉的肌肉確實受到刺激的證據。第二個星期時只要挑選三天訓練即可，可試著進行三個種類的訓練方式。第三個星期之後一樣每星期三天即可，但把目標定為每種訓練方式都進行三組。之後如果還有餘力，也可以漸漸增加更多種的訓練方式。

前面介紹過訓練能夠持續下去的訣竅就是習慣堆疊（→第58頁），不過

另外，也可以把進行過訓練的日子標示在月曆上，把努力用肉眼可見的方式激勵自己。

要讓身體擁有體幹力就必須持續地進行訓練。一開始先進行一個星期，可以的話以連續三個星期為目標。選擇不勉強、不易厭煩的方式進行訓練是能夠持續下去的訣竅。

Draw in腹式呼吸　P70　＋　伸展運動　P72～77

＋

第一週

一星期內每天選擇不同的兩種訓練方式，練習1～3組

第二週

一星期三次，選擇喜歡的三種訓練方式，練習1～3組

第三週

一星期三次，選擇喜歡的三種訓練方式，練習3組

從中選擇要進行的訓練方式！

刺激整圈軀幹部位
棒式運動 P78

鍛鍊腹橫肌
初級篇 P80

鍛鍊髂腰肌
初級篇 P82

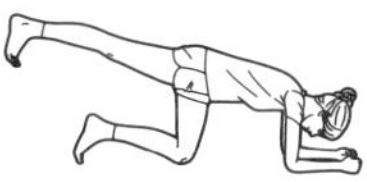

鍛鍊臀大肌
初級篇 P84

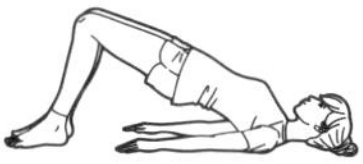

鍛鍊多裂肌
初級篇 P86

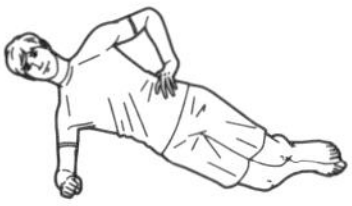

鍛鍊腹橫肌
中級篇 P88

鍛鍊髂腰肌
中級篇 P90

鍛鍊臀大肌
中級篇 P92

鍛鍊多裂肌
中級篇 P94

也可以穿插第5章介紹之適合孩童與老年人的訓練方式！

只要能持續三個星期，在習慣的養成及心理上都能得到強化！

首先是這個動作！徹底掌握Draw in呼吸法

所謂Draw in呼吸法，是在呼吸的時候讓腹部凹陷的一種運動。
因為是所有體幹訓練的基礎，希望大家能記住正確的做法。

站立的時候

呼吸的時間

吸氣3秒後，花3～5秒把氣全部吐出

1 筆直站立，大口吸氣

2 從嘴巴細細吐氣的同時，以肚臍為中心將腹部逐漸向內凹

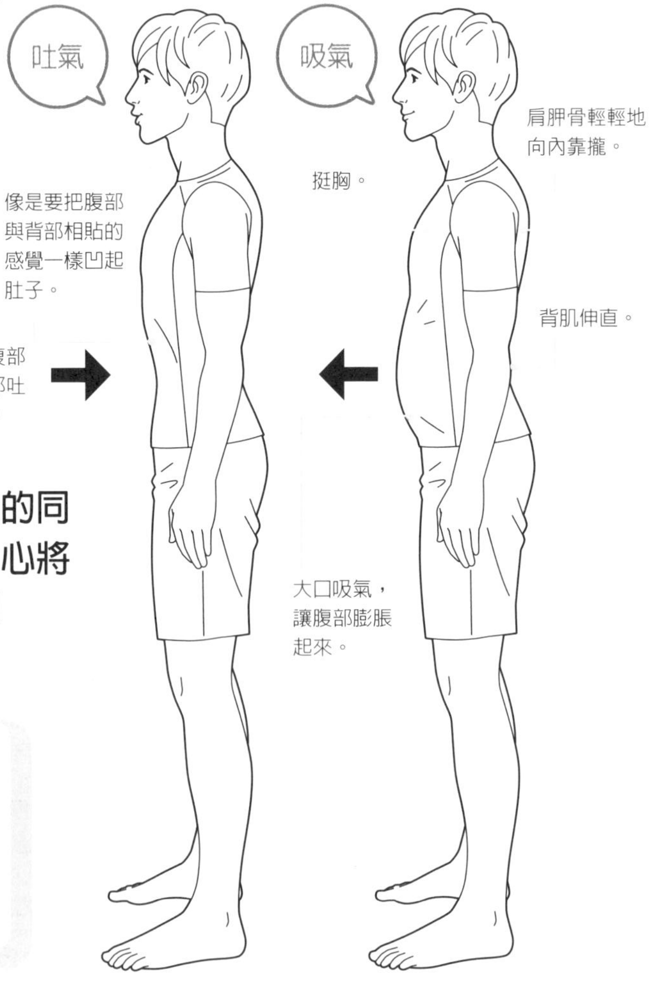

吐氣
吸氣
像是要把腹部與背部相貼的感覺一樣凹起肚子。
就像要把腹部的空氣全部吐乾淨一樣。
挺胸。
肩胛骨輕輕地向內靠攏。
背肌伸直。
大口吸氣，讓腹部膨脹起來。

只要側腹部有變硬的話就OK，這樣的狀態下可以鞏固前方與後方的肌肉。

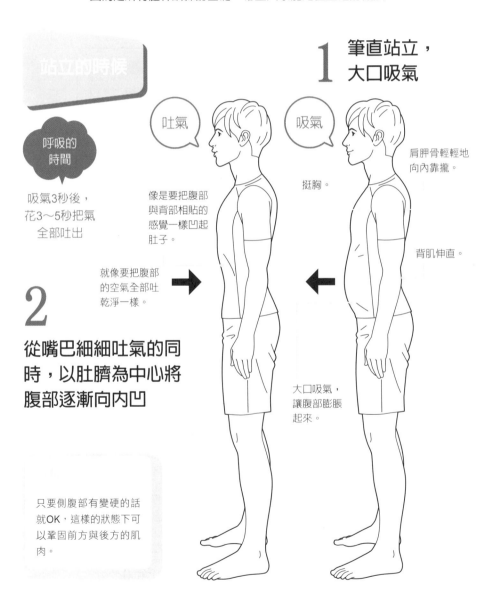

1 屈起膝蓋，以仰躺的姿勢吸氣

呼吸的時間

吸氣3秒後，花3～5秒把氣全部吐出

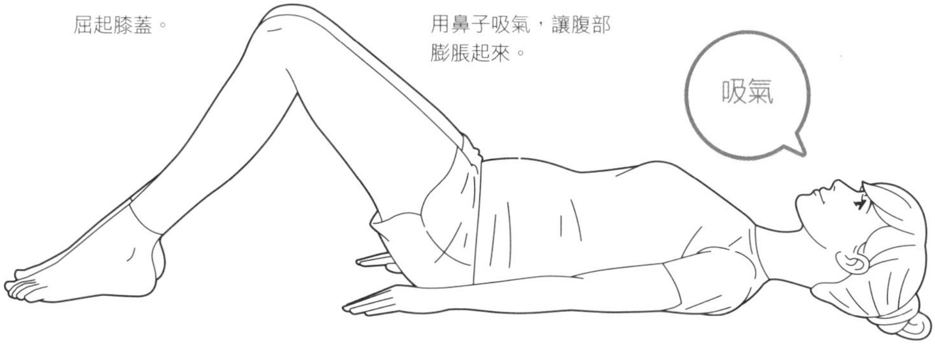
屈起膝蓋。
用鼻子吸氣，讓腹部膨脹起來。
吸氣

2 一邊吐氣，一邊腹部用力向內凹

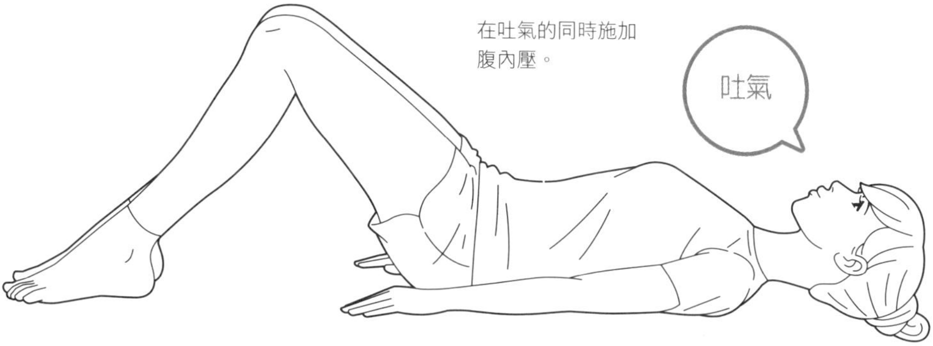
在吐氣的同時施加腹內壓。
吐氣

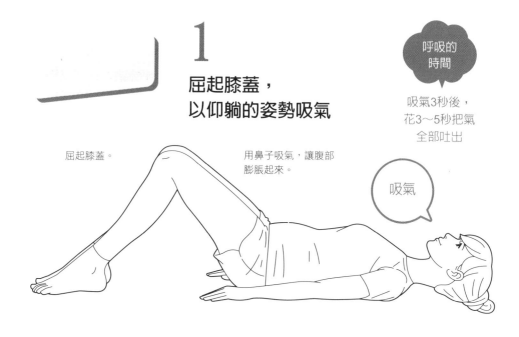

能有效鍛鍊體幹力的伸展動作

在進行體幹訓練時請務必先進行伸展運動，將身體重新啓動。伸展運動不只可以預防受傷，因為還能讓關節的可動範圍變大，所以能更有效率地強化體幹力訓練的成果。

伸展臀部與背部

1

坐在地上將腳翹在另一隻腳上，伸展整個臀部

持續時間

10秒

屈起單腳，將另一隻腳翹在上面。

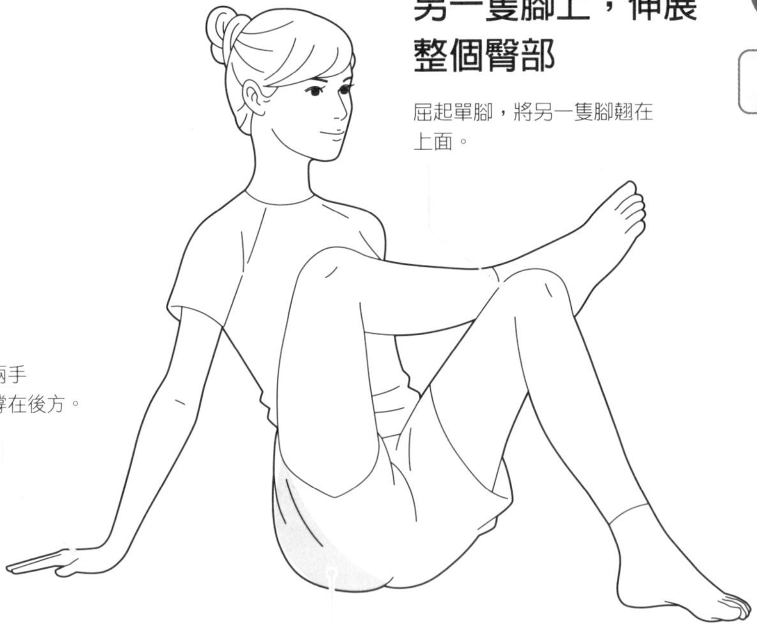

兩手撐在後方。

伸展整個臀部。

重點

翹腳的時候，腳踝要放在屈起來的那隻腳的膝蓋上。

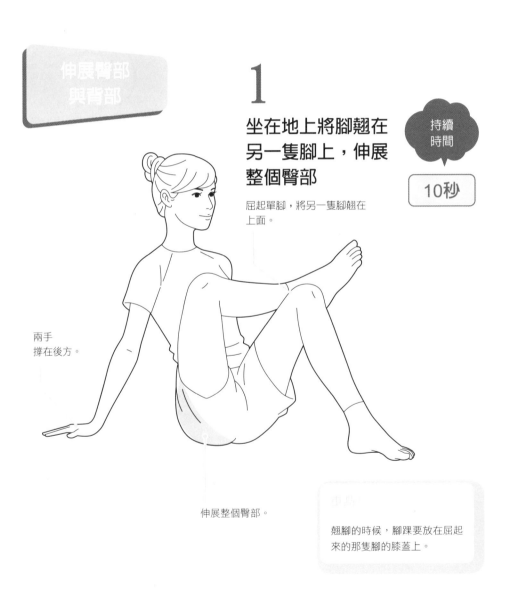

2

將翹起的那隻腳跨過另一隻腳

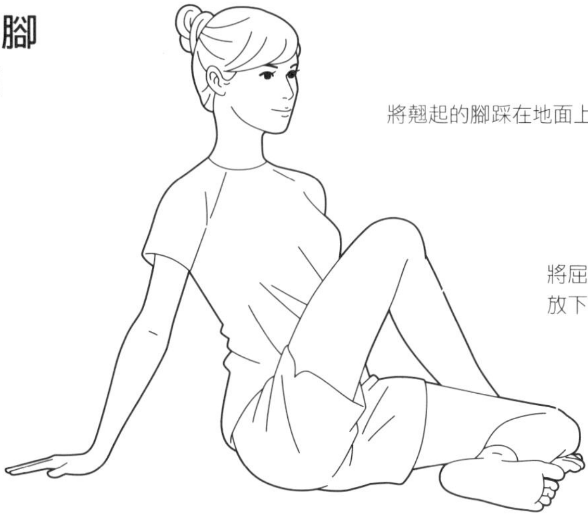

將翹起的腳踩在地面上。

將屈起的腳放下。

持續時間

10秒

3

將膝蓋往胸口貼近，背部伸直。之後換邊進行相同的動作。

用雙手抱住跨過的那隻腳往胸口貼近。

伸展背部與臀部。

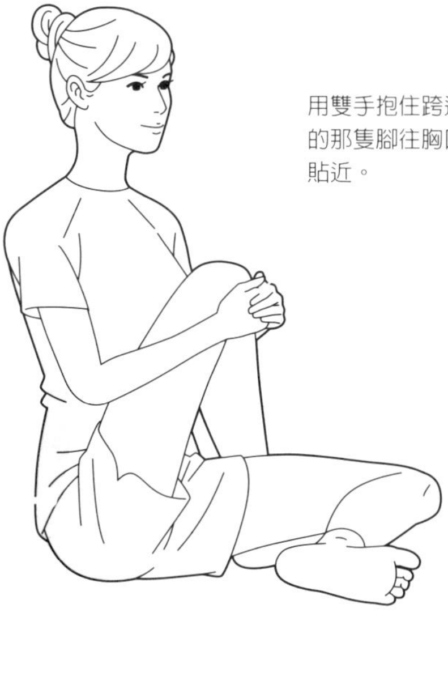

能有效鍛鍊體幹力的伸展動作

1 坐在地上屈起單邊膝蓋

伸展側腹
與背部

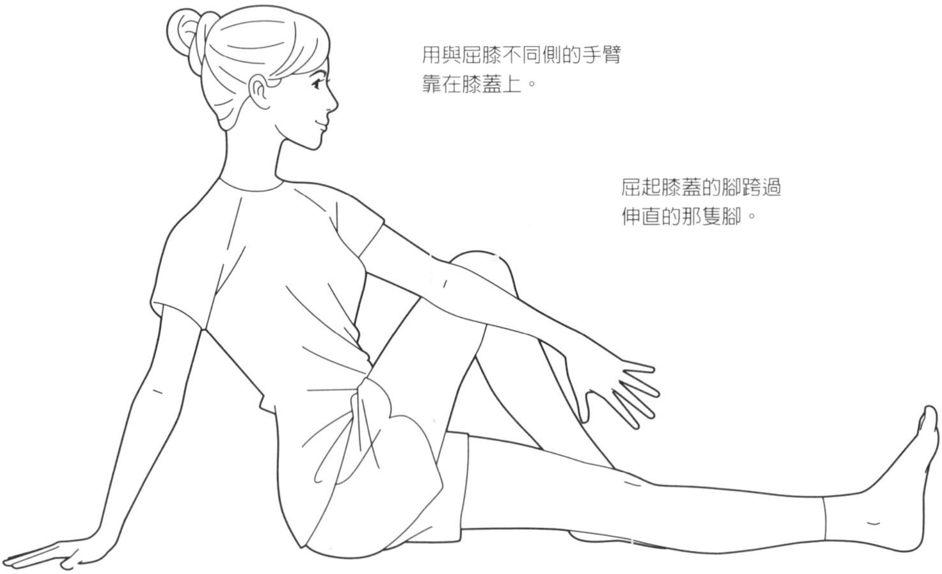

用與屈膝不同側的手臂
靠在膝蓋上。
屈起膝蓋的腳跨過
伸直的那隻腳。
與屈膝同側的手
撐在身體後方。
膝蓋伸直。
屈起的膝蓋要與伸直的那
隻腳的腳尖形成一直線。

2

用手臂按壓住膝蓋的同時扭轉上半身，之後換邊進行相同的動作。

持續時間

10秒

NG

屈起的那隻腳要立起來不要向下倒，一旦向下倒會減少伸展的效果。

視線向後看。

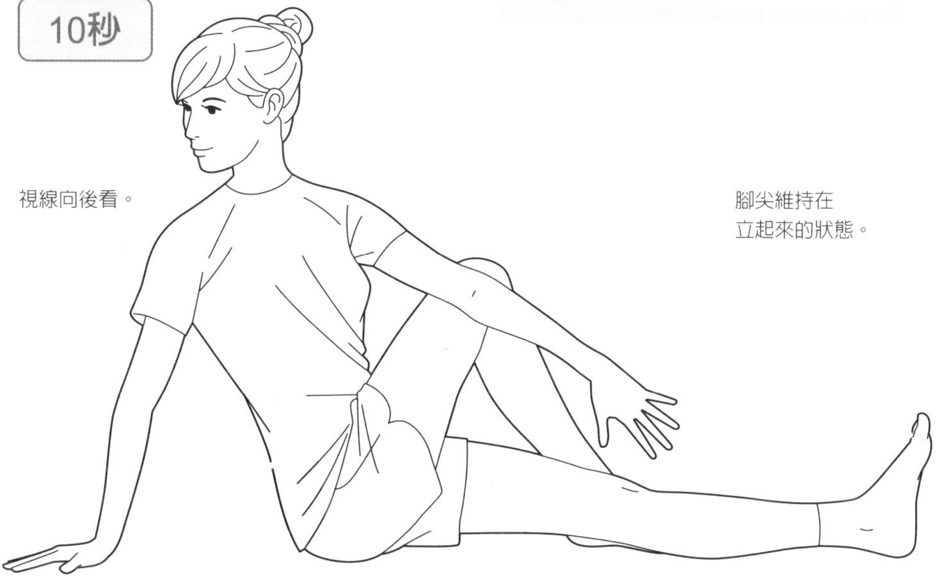

腳尖維持在立起來的狀態。

伸展另一側的背部與腰部。

注意手肘是否有確實固定住膝蓋，並且側腹部是否有伸展開來的感覺。

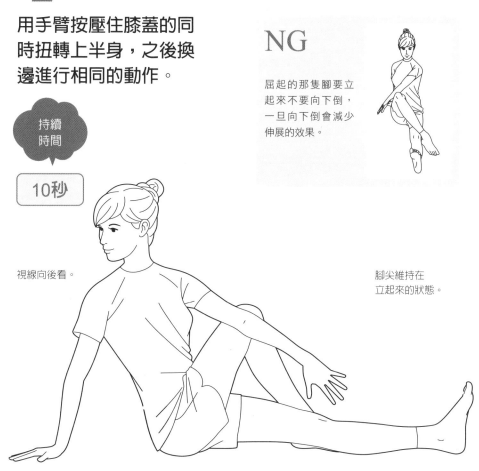

能有效鍛鍊體幹力的伸展動作

伸展大腿內側與髖關節

1

坐在地上，雙腳張開，腳掌相對。

膝蓋彎曲。

兩手確實握住腳掌，防止腳底的位置移動。

2

將腳往身體靠近，背肌伸直，大腿內側及髖關節放鬆。

持續時間

10秒

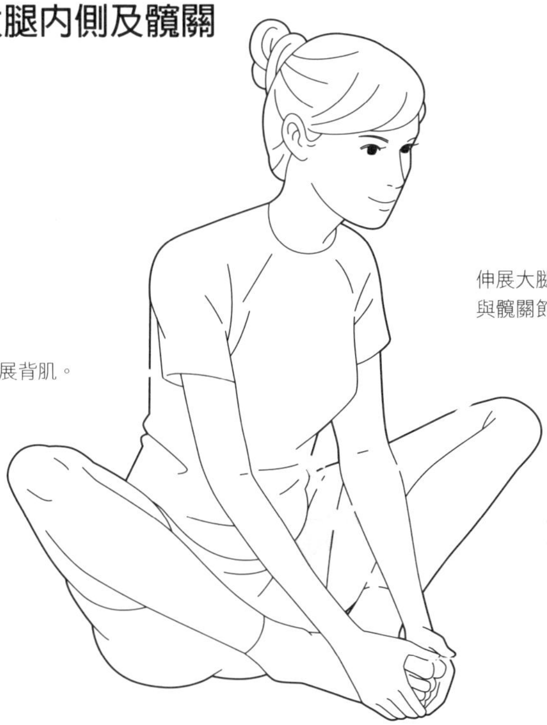
伸展大腿內側
與髖關節。
伸展背肌。
用雙手握住腳掌
往身體靠近。

在雙腳腳底相對的狀態下靠近身體，伸展髖關節周圍的肌肉。

NG

如果腳掌沒有充分靠近身體的話效果會變差。

初學者從這裡開始！基本的訓練方式

現在來介紹體幹訓練初學者也能做得到的基本訓練方式。
雖然是簡單的動作，但效果卻非常棒！
記得在訓練的同時也要確實進行Draw in腹式呼吸。

刺激整個軀幹部位 棒式運動

1

臉朝下趴著，在肩膀正下方的位置用手肘撐在地上。

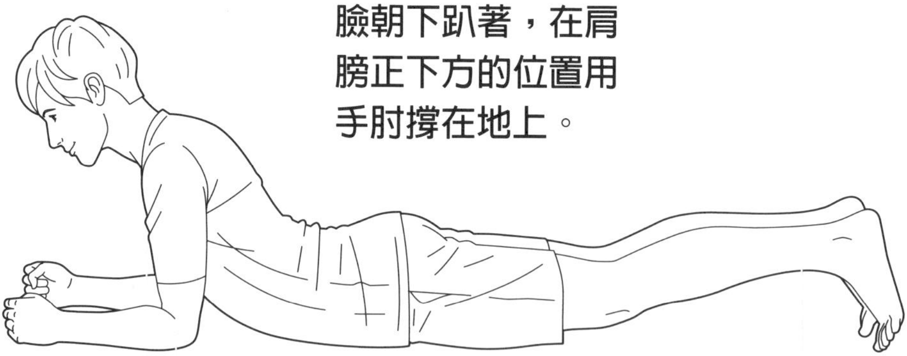

雙腳與肩同寬，腳尖著地。

手肘彎曲90度。

持續時間

一邊吐氣一邊以3秒鐘的時間將骨盆抬起，維持10秒鐘。

一邊吸氣，一邊慢慢地回到原來姿勢。

配合體力

做5～10次

身體形成一直線的狀態。

從腹部到背部，整圈身體都能得到鍛鍊。

吐氣

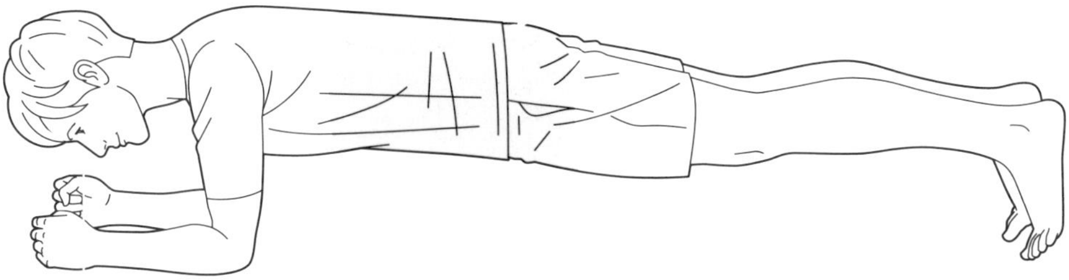

視線朝著地面。

2

頭部、肩膀、腰部、膝蓋、腳踝保持在一直線，將身體撐起來。

實踐！
體幹力訓練

對於鍛鍊體幹力很重要的四個肌肉，現在開始一一介紹它們的訓練法。
請確實記住正確的姿勢，仔細地進行訓練。

鍛鍊腹橫肌 初級篇

同時鍛鍊腹直肌

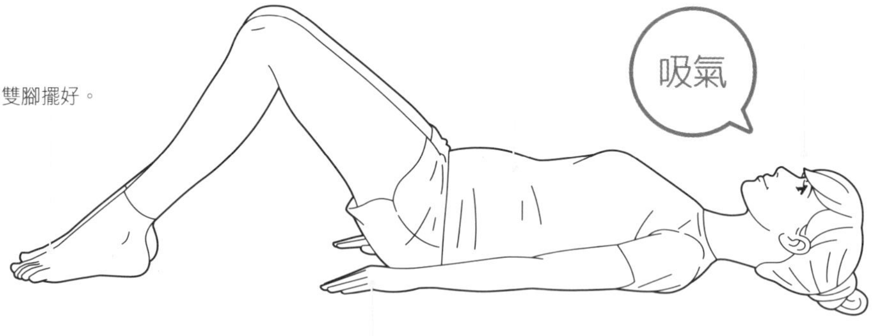

讓腹部膨脹起來。
收下巴，視線筆直向上看。
吸氣
雙腳擺好。
手掌向下貼在地面。

1

身體仰躺，兩膝屈起，吸氣讓腹部膨起。

2

一邊吐氣，一邊像是要把肩膀抬起來一般抬起身體。

配合體力

做5～10次

吐氣的同時視線朝向自己的肚臍。

能鍛鍊到腹部。

抬起肩膀。

持續時間

在吐氣的同時以3秒鐘的時間抬起身體後，維持3秒鐘。

吸氣的同時以3秒鐘的時間回到原來姿勢。

實踐！
體幹力訓練

鍛鍊腸腰肌
初級篇

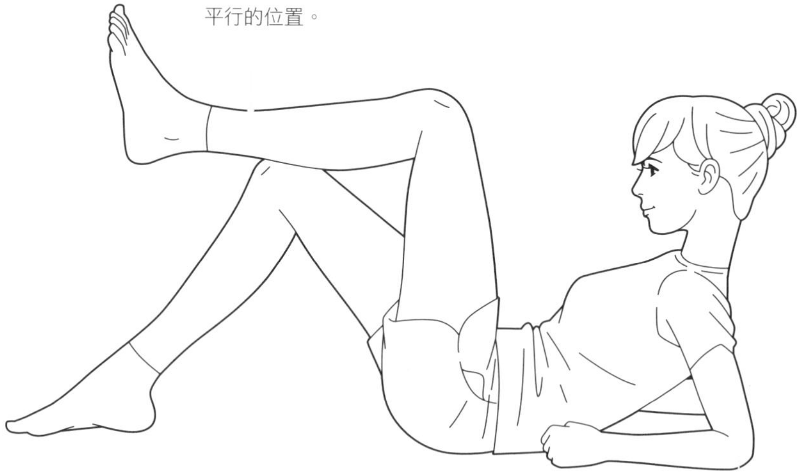
單腳抬起到與地面
平行的位置。
視線朝著正前方。
雙手手肘靠在地面
支撐住上半身。

1

雙手手肘靠在地面，單腳之小腿部位抬起至與地面平行之位置。

2

腹部用力，將膝蓋向身體靠近。之後換邊進行相同的動作。

左右兩邊各自進行

10次×
2～3組

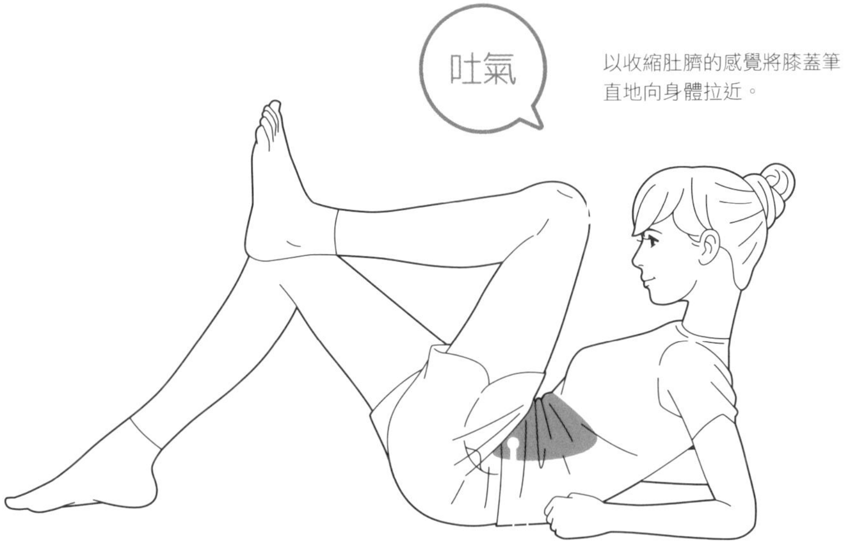
吐氣
以收縮肚臍的感覺將膝蓋筆直地向身體拉近。
能有效鍛鍊到腹部肌肉。
骨盆抵在地面上。

持續時間

在吐氣的同時花2秒鐘將膝蓋往身體拉近。

一邊吐氣一邊以3秒鐘的時間回到原來姿勢。

實踐！
體幹力訓練

鍛鍊多裂肌
初級篇

1

身體仰躺，雙腳膝蓋屈起。

膝蓋不要併攏。

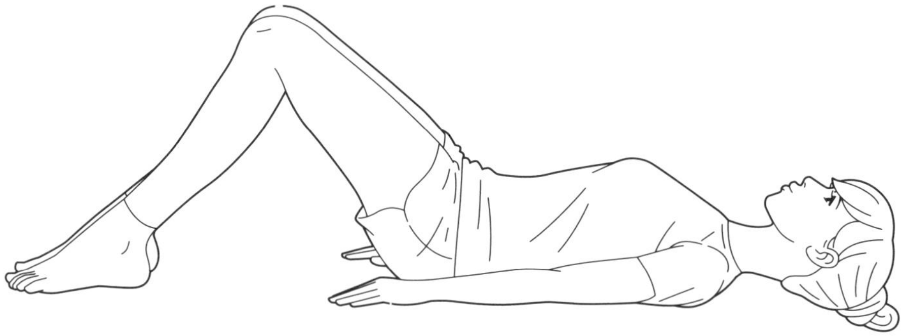

雙腳微微分開，中間留有一個拳頭的空隙。

手掌向下貼在地面。

持續
時間

吐氣的同時以2秒鐘的時間抬起背部後，維持3秒鐘。

一邊吐氣，一邊以3秒鐘的時間回復原來姿勢。

左右兩邊
各自進行

5次×
2〜3組

2

抬起背部，身體要形成一直線的狀態。

骨盆保持筆直狀態。

抬起腰部，讓身體形成一直線的狀態。

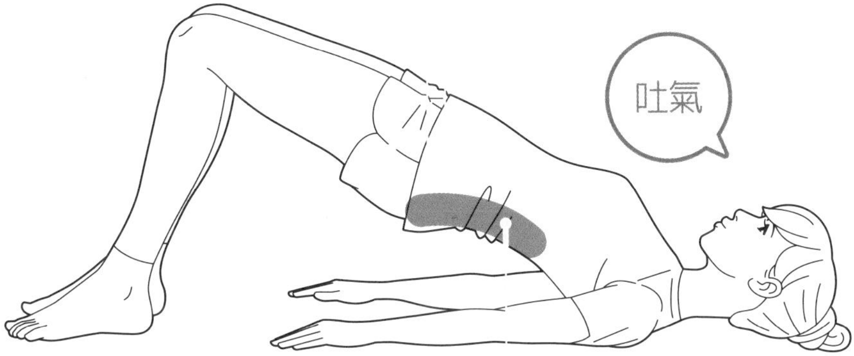

能有效鍛鍊到從背部至腰部的肌肉。

NG

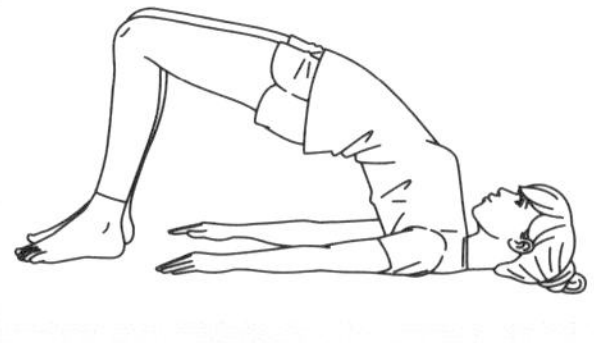

抬起背部的時候，注意不要過度向後彎，否則會對腰部造成負擔。

實踐！
體幹力訓練

鍛鍊腹橫肌
中級篇

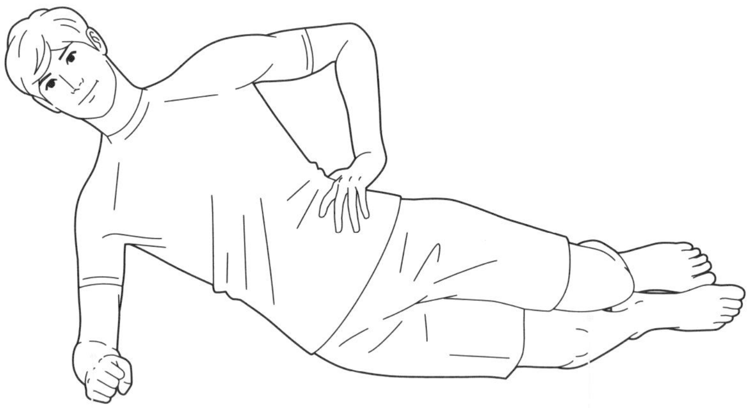

手肘靠在地面上，手臂與
地面成垂直角度。

兩膝併攏稍微彎曲。

1

側躺在地上，用單手
手肘撐起上半身。

2

一邊吐氣一邊將骨盆抬起後再慢慢放下。之後換邊進行相同的動作。

左右兩邊交替進行

5次×
2～3組

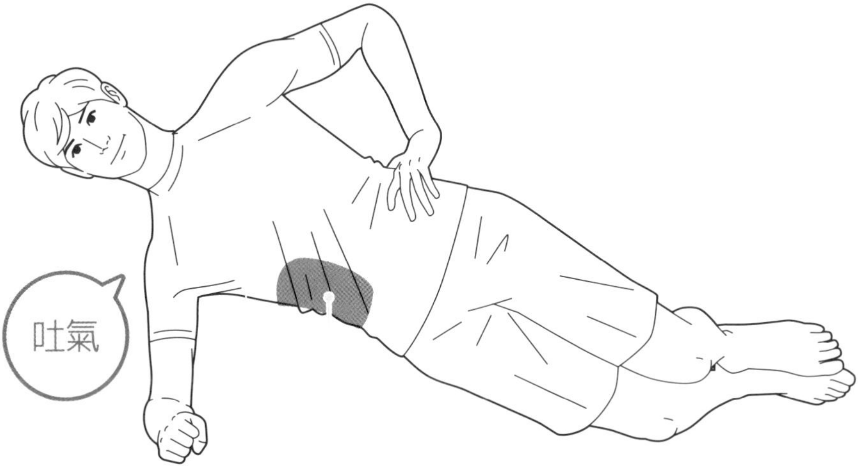

上半身不要向前傾。

能有效鍛鍊到側腹部的肌肉。

持續時間

吐氣的同時以3秒鐘的時間將腰部向上抬，維持10秒鐘。

一邊吸氣一邊以3秒鐘的時間回到原來姿勢。

實踐！
體幹力訓練

鍛鍊腸腰肌
中級篇

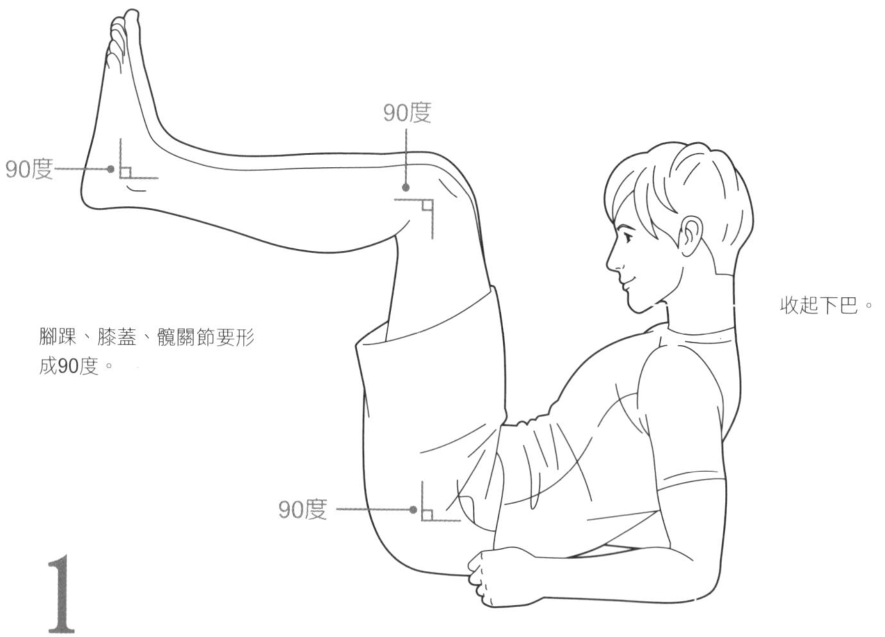
90度
90度
90度
腳踝、膝蓋、髖關節要形成90度。
收起下巴。

1

雙手手肘撐在地面上，抬起雙腳。

在肩膀正下方的位置用手肘撐在地上。

2

腹肌用力，將雙腳膝蓋往身體拉近。

配合體力

做10次×3組

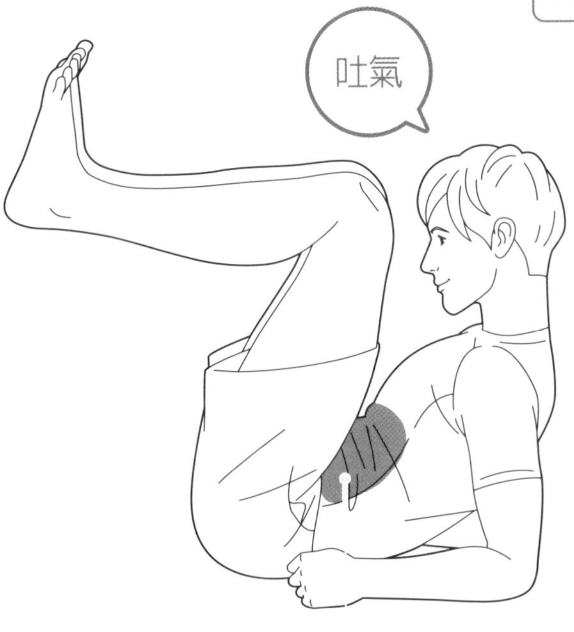

持續時間

一邊吐氣一邊以3秒鐘的時間將雙腳膝蓋往身體靠近。

一邊吸氣一邊以3秒鐘的時間回到原來姿勢。

骨盆確實緊靠在地面，不要晃動。

能有效鍛鍊到腹部肌肉。

實踐！
體幹力訓練

鍛鍊臀大肌
中級篇

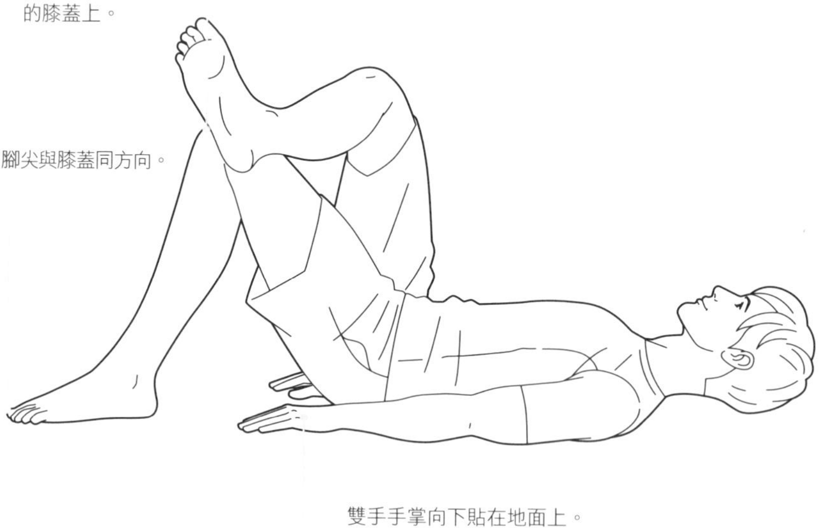

將單腳翹起，
腳踝靠在屈起
的膝蓋上。
腳尖與膝蓋同方向。
雙手手掌向下貼在地面上。

1

仰躺在地上，單腳膝蓋屈起，另一腳翹於其上。

持續時間

一邊吐氣一邊以3秒鐘的時間將骨盆抬起。

一邊吸氣一邊以3秒鐘的時間回到原來姿勢。

左右兩邊各自進行

10次×2～3組

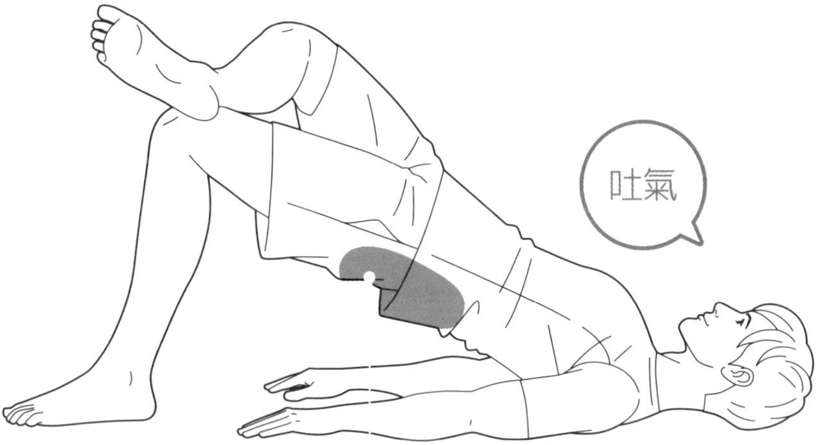

能有效鍛鍊到臀部肌肉。

2

將骨盆抬高到胸部、腹部與膝蓋形成一直線的高度。之後換邊進行相同的動作。

實踐！體幹力訓練

鍛鍊多裂肌 中級篇

1

四肢著地，腹部用力造成腹內壓，不要讓腰部反折。

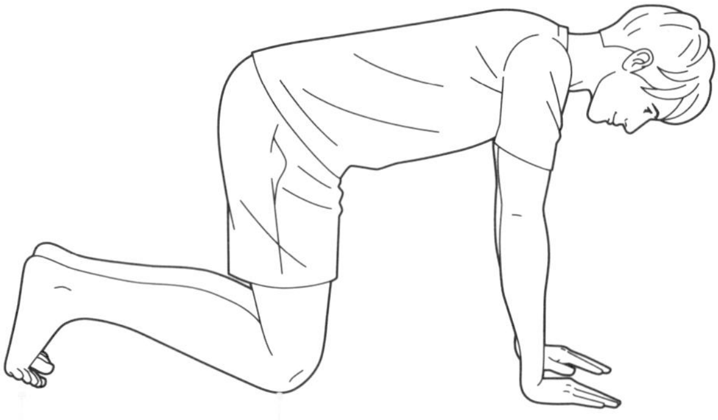

視線朝下。
雙腳腳掌間及雙腳膝蓋間保持一個拳頭的距離。

持續
時間

一邊吐氣一邊以3秒鐘的時間將手腳伸直後維持3秒鐘。

一邊吸氣一邊以3秒鐘的時間回到原來姿勢。

左右兩邊
交替進行

10次×
2～3組

2

單手手臂與對側腳分別伸直。之後換邊進行相同的動作。

手筆直向前伸。

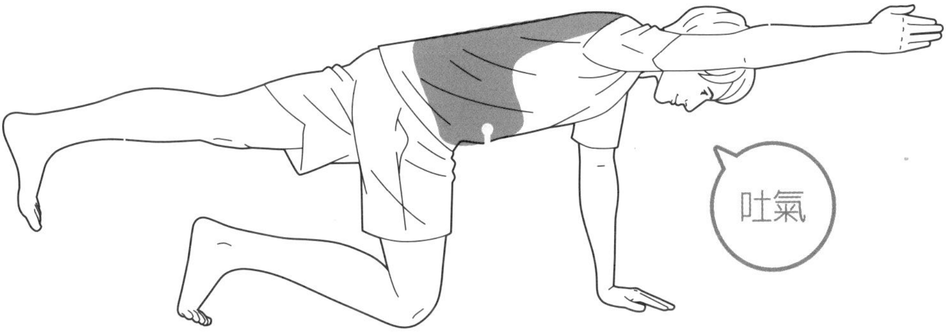

腳向上抬，伸直膝蓋。

能有效鍛鍊到背部與腹部。

NG

如果臉向上抬的話，背部及腰部會變成過度向後折的姿勢，容易造成背部與腰部的疼痛，而且在訓練上也無法得到有效的成果，所以需要特別注意。

原來差距這麼大！

日本各都道府縣的「每日平均步數」

根據日本厚生勞動省《平成28年之國民健康與營養調查》顯示，日本各都道府縣之成年人（20歲～64歲）每日平均步數，男性以大阪的8762步，女性以神奈川縣的7795步為第一名。

為了延長健康壽命，直到走到生命盡頭都能享受充滿活力且幸福的生活，厚生勞動省的《聰明生活計畫》中呼籲大家每天要增加10分鐘的身體活動，體育廳的《FUN＋WALK PROJECT》則是建議每天要比目前再增加1000步的走路運動。而在各地方自治體中，德島縣鳴門市則是選擇了體幹平衡訓練，致力於提升從孩童到高齡者各年齡層人民的基礎體力與健康意識。

日本各都道府縣的「每日平均步數」排行

男性

順位	都道府縣名	步數	順位	都道府縣名	步數
1	大阪	8762	24	北海道	7381
2	靜岡	8676	25	福島	7297
3	奈良	8631	26	鹿兒島	7296
4	東京	8611	27	佐賀	7283
5	京都	8572	28	石川	7254
6	埼玉	8310	29	富山	7247
7	岡山	8136	30	山梨	7236
8	千葉	8075	31	長野	7148
9	神奈川	8056	32	三重	7119
10	愛知	8035	33	山形	7098
11	岐阜	7990	34	長崎	7061
12	愛媛	7845	35	新潟	7029
13	廣島	7829	36	宮崎	7022
14	山口	7817	37	群馬	6964
15	兵庫	7782	38	沖繩	6850
16	滋賀	7760	39	島根	6820
17	香川	7696	40	宮城	6803
18	大分	7599	41	德島	6791
19	栃木	7582	42	和歌山	6743
20	福井	7551	43	鳥取	6698
21	福岡	7474	44	岩手	6626
22	青森	7472	44	秋田	6626
23	茨城	7445	46	高知	5647

順位	都道府縣名	步數	順位	都道府縣名	步數
1	神奈川	7795	24	島根	6549
2	京都	7524	25	秋田	6541
3	廣島	7357	26	茨城	6471
4	滋賀	7292	27	福島	6470
5	東京	7250	28	石川	6465
6	岐阜	7234	29	三重	6460
7	大阪	7186	30	群馬	6430
8	福岡	7155	31	宮城	6354
9	千葉	7086	32	德島	6313
10	靜岡	6975	33	香川	6260
11	山口	6969	34	新潟	6186
12	大分	6954	35	岩手	6132
13	愛媛	6945	36	愛知	6077
14	長崎	6929	37	富山	6074
15	埼玉	6880	38	和歌山	6062
16	山梨	6838	39	沖繩	6052
17	兵庫	6813	40	北海道	6051
18	奈良	6787	41	岡山	6042
19	福井	6732	42	青森	6010
20	鹿兒島	6700	43	宮崎	5939
21	佐賀	6635	44	山形	5893
22	長野	6606	45	鳥取	5857
23	栃木	6583	46	高知	5840

※熊本縣因震災緣故資料闕如。

參考來源：根據厚生勞動省《平成28年國民健康與營養調查報告》製作

第 5 章

和家人一起
鍛鍊體幹

從大人到小孩都可以做！一起開始體幹自我保健吧！

身體僵硬失去平衡的「兒童行動障礙症候群」

行動障礙症候群（簡稱LOCOMO），是一種因為腰腿衰弱而造成身體自行移動能力下降的狀態，這種疾病一直是高齡者需要面對的問題，必須提前進行預防及改善，以免未來演變成需要專人看護、臥床不起或發生認知障礙的狀態。不過最近十幾年來，

出生於網路發達的時代、隨著智慧型手機或平板電腦進化一起長大的孩童們，身體已經與過去時代的孩童完全不一樣了。

根據認定NPO法人全國STOP THE LOCOMO委員會的標準，在「①單腳站立不晃動無法達到5秒以上、②腳跟著地的狀態下無法直接蹲下、③手臂無法垂直向上抬起、④膝蓋伸直的狀態下身體前彎手指無法碰到地面」這四個項目中只要符合一項，就可能有兒童行動障礙症候群的情形。而根據平成22年～25年（2010年～2013年）所進行的調查結果，發現。孩童們如果朝向「極端運動不足」或「因為同樣的體育運動而過度使用特定肌肉或關節」兩極化發展的話，兩者都很有可能是兒童行動障礙症候群的主因。從孩童七歲左右開始姿勢會變得不良，受傷嚴重的情形也會逐漸增加。

因此在假日的時候，建議全家可以一起檢查一下自己和家人的姿勢與柔軟度。不論從幾歲開始，體幹力與柔軟度都是可以訓練有成的。

行動障礙症候群不只會發生在高齡世代，在孩童間也已經形成問題。
下面所介紹的就是「兒童行動障礙症候群」的測試項目，
建議全家一起來互相確認自己和家人的身體狀態唷！

「運動功能不良之四個檢測項目」

① 單腳站立

- 左、右腳各自單腳站立不晃動達到5秒以上。

② 蹲下

- 中間不停頓直接蹲下
- 腳跟不要離地
- 不能向後倒

③ 手臂向上舉

- 左、右手各自平衡地將手臂垂直向上舉到耳朵後方。

④ 身體前彎

- 膝蓋伸直的狀態下身體前彎，手指能輕鬆地碰到地面。

從大人到小孩都可以做的雙人組合體幹力訓練

在此介紹能確認體幹力並加以訓練的訓練菜單。
兩人成對一起進行，互相檢查對方的體幹力。

蹲下運動

1

面對面站立並互相牽手

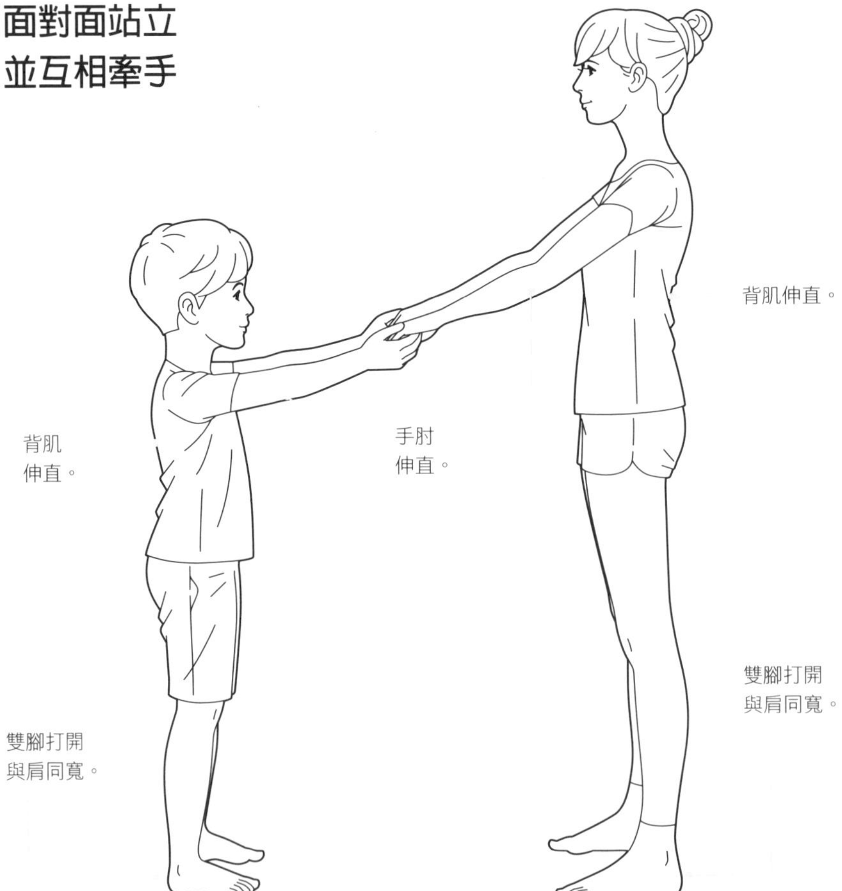

背肌伸直。
背肌
伸直。
手肘
伸直。
雙腳打開
與肩同寬。
雙腳打開
與肩同寬。

配合
體力

做5次

2

慢慢地放低腰部蹲下來

持續
時間

一邊吐氣一邊以5秒鐘的時間放低腰部蹲下後維持10秒鐘。

一邊吸氣一邊慢慢地回到原來姿勢。

維持在互相牽手的狀態。

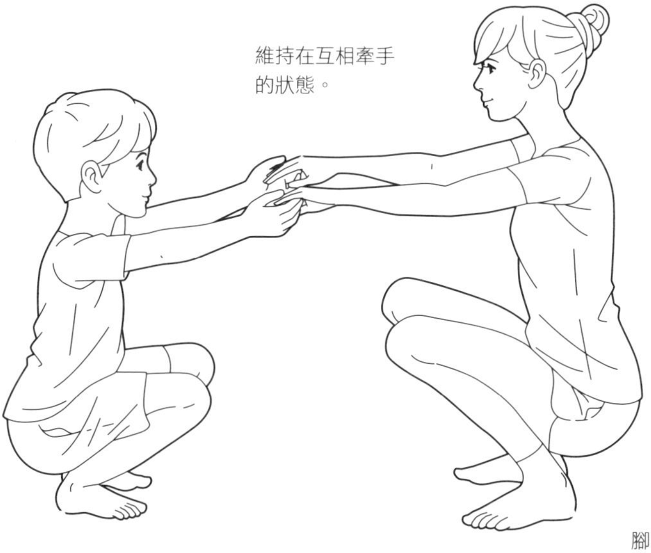

腳跟不要抬起。

腳跟不要抬起。

NG

如果無法完全蹲下的話就表示髖關節或腳踝過度僵硬，一旦身體僵硬就容易受傷或感到不舒服。

NG

身體向前傾或搖搖晃晃表示體幹力不足，請持續進行這項運動，提高體幹力。

保護孩童避免嚴重受傷或腳部變形

在黃金時期鍛鍊體幹的平衡力！

捉迷藏、踢罐子、跳橡皮筋、一二三木頭人等遊戲，過去的孩童們在熱衷於玩這些遊戲的時候，還能夠鍛鍊到體幹力及平衡感，同時體力與運動神經也得到了強化。

然而在現代，已經很難看到兒童在公園裡四處奔跑的畫面了。身體不常活動的孩童們，在我們看不見的地方正在發生異常的變化。過去孩童即使摔倒了也能反射性地伸出手去支撐身體，所以頂多只會手掌或膝蓋擦傷。但是

另外還有一個問題就是腳趾的變形。有大約八成的孩童在站立或坐下的時候，會出現腳趾懸空的「浮趾病」症狀。

甚至最近還發現原本以為成年人的腳才會有的拇指外翻問題，在孩童身上也愈來愈多。

面對這種受傷或是腳部變形的問題，最重要的就是預防它們發生。所以希望家長跟孩子們一起來進行能夠活動到身體的遊戲，鍛鍊體幹及平衡感吧！

在一項以某間幼稚園98名孩童（4歲兒童及5歲兒童）為對象
進行腳底負擔體重之方式的調查中，
發現有半數以上的兒童都有腳趾懸空的浮趾現象。
由於浮趾無法維持良好的身體平衡感，所以會比較容易跌倒或受傷。

〔98名幼稚園孩童的浮趾比例〕

兩腳都有浮趾現象

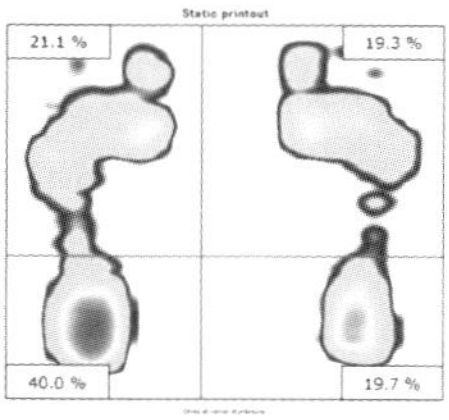

54%（53名）

兩腳正常

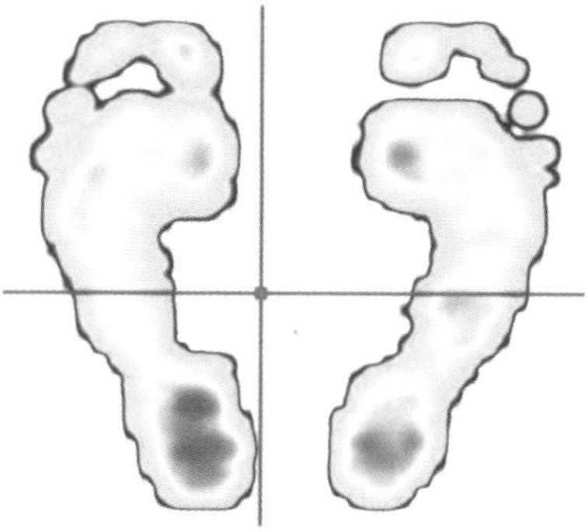

10%（10名）

兩腳稍微有浮趾現象

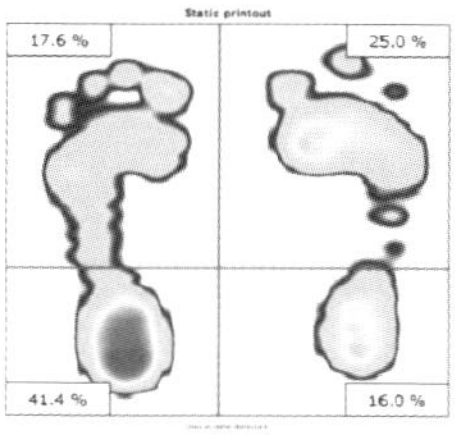

23%（23名）

將近八成的幼稚園孩童
有浮趾病！

資料來源：DreamGP股份有限公司

幫助孩童身體茁壯的體幹力訓練

體幹力不只對成年人很重要，對孩童也很重要。讓孩子在運動能力跳躍式成長的時期確實學會身體的使用方法，可以預防身體受傷。

兒童體幹力訓練
初級篇①

1

屈起手肘，趴在地上。

持續時間

一邊吐氣一邊以3秒鐘的時間抬起骨盆後維持3秒鐘。

一邊吸氣一邊以3秒鐘的時間回到原來姿勢。

配合體力

做5次×3組

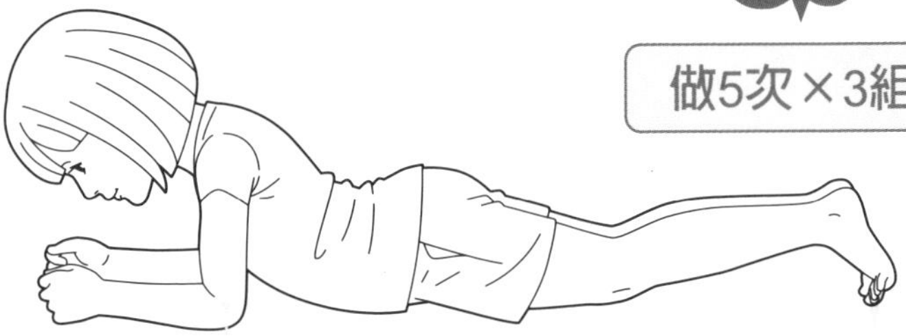

手肘撐在地上並且讓手臂與地面垂直。

腳尖踮起來。

2

迅速地將骨盆抬起，再慢慢放下。

能有效鍛鍊到腹部與背部肌肉。

從頭到腳要形成一直線。

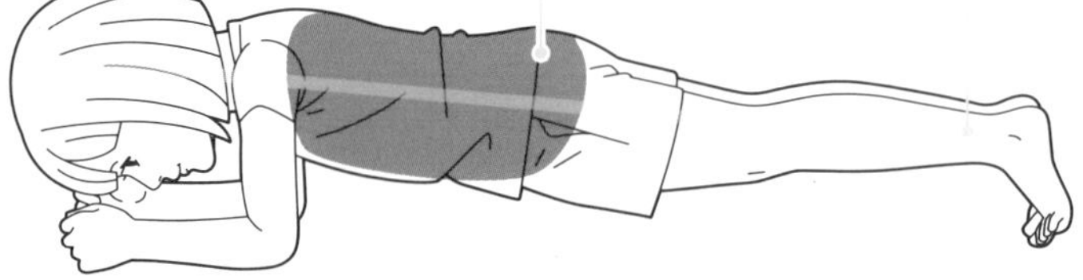

吐氣

兒童體幹力訓練 初級篇②

左右兩邊交替進行

做5次×3組

持續時間

一邊吐氣一邊以3秒鐘的時間將腳抬起後維持3秒鐘。

一邊吸氣一邊以3秒鐘的時間回到原來姿勢。

雙腳打開與肩同寬。

1

雙腳打開與肩同寬，身體站直。

2

抬起單腳膝蓋站立，另一邊也進行相同動作。

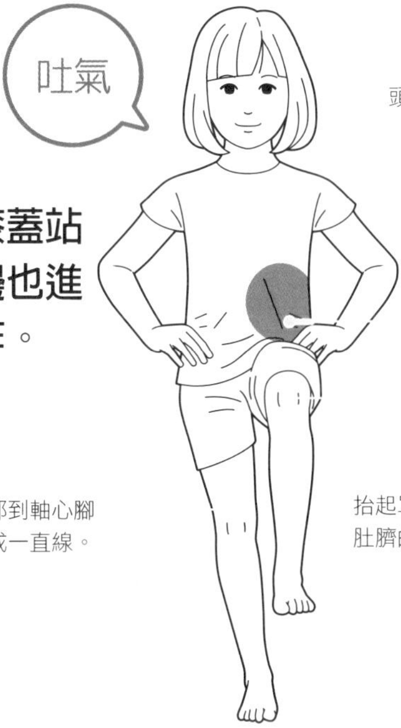

頭部保持穩定不晃動。

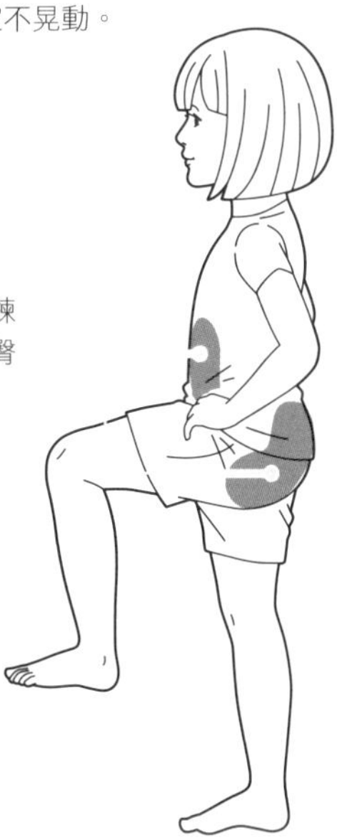

能有效鍛鍊到腹部與臀部肌肉。

從頭部到軸心腳要形成一直線。

抬起單腳膝蓋到肚臍的高度。

幫助孩童身體茁壯的體幹力訓練

兒童體幹力訓練 中級篇①

左右兩邊分別各自進行慢速與快速動作

做5次×2組

持續時間

慢速

一邊吐氣一邊以3秒鐘的時間抬起骨盆，
再一邊吸氣一邊以3秒鐘的時間回到原來姿勢。

＋

快速

一邊吐氣一邊快速抬起骨盆後維持3秒鐘，
再一邊吸氣一邊慢慢地回到原來姿勢。

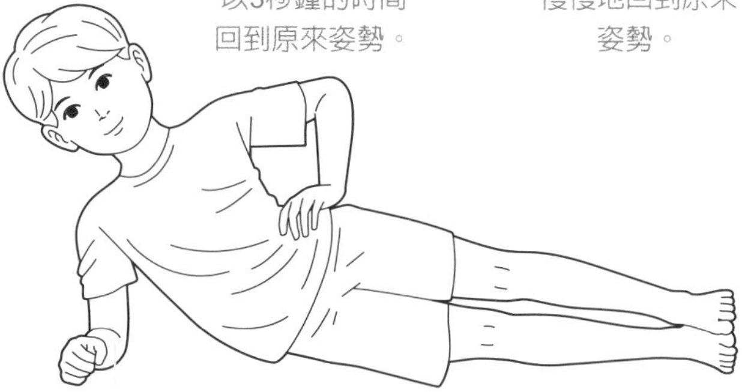

1 膝蓋伸直側躺在地上。

手肘撐在地上，手臂與地面垂直。

2 抬起骨盆，再慢慢地放下。

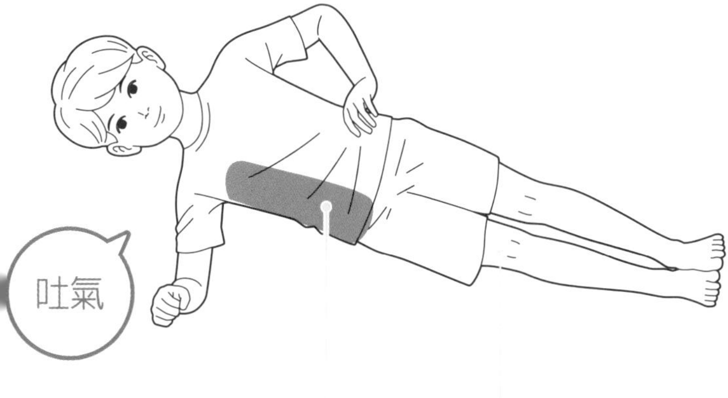

能有效鍛鍊到側腹部肌肉。

從頭到腳要形成一直線。

透過慢速與快速的動作進行訓練，可以鍛鍊身體在失去平衡時能夠瞬間使用力量。

兒童體幹力訓練 中級篇②

持續時間

慢速

一邊吐氣一邊以3秒鐘的時間將腳抬起後維持10秒鐘。
一邊吸氣一邊以3秒鐘的時間回到原來姿勢。

＋

快速

一邊吐氣一邊快速將腳抬起後維持5秒鐘，
再一邊吸氣一邊回到原來姿勢。

左右兩邊分別各自進行慢速與快速動作

做3次×3～5組

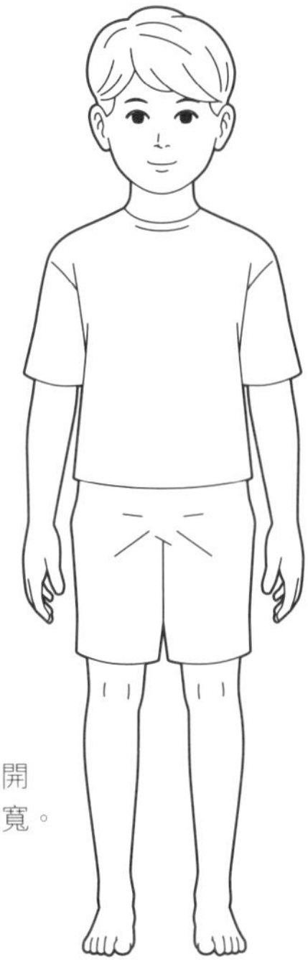

雙腳打開與肩同寬。

1

雙腳打開與肩同寬，身體站直。

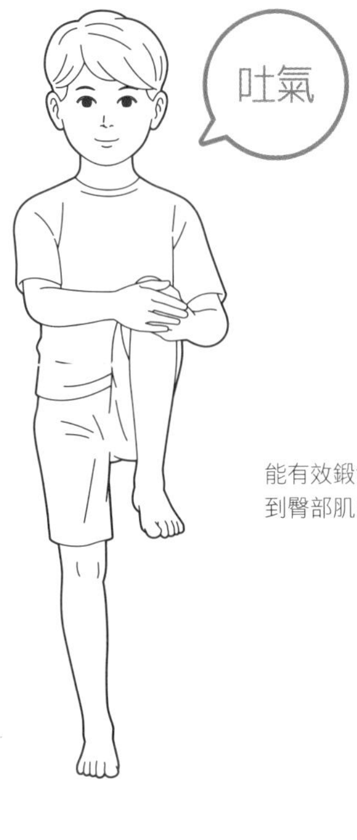

腿要碰到腹部。

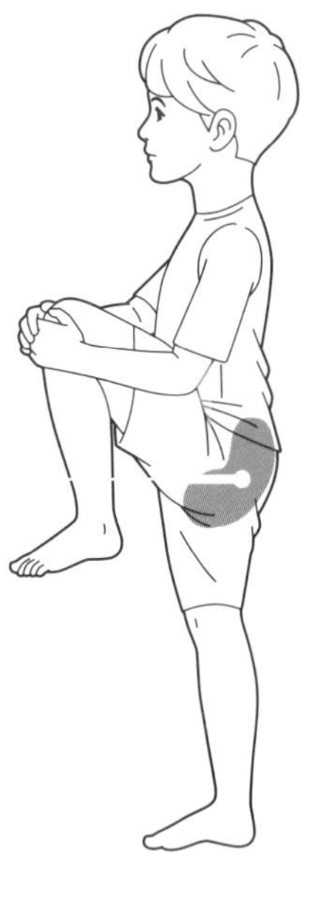

能有效鍛鍊到臀部肌肉。

2

雙手抱膝，將腿往腹部壓。另一邊進行相同動作。

讓身體能夠快速跑步的體幹力訓練

想要跑得快，身體就必須擁有穩定不亂晃、手臂與腿部能夠順利活動等能力。
只要重複進行訓練，就會擁有能夠快速跑步的身體。

跑步力強化訓練①

左右兩邊各自進行

做5次×3組

持續時間

一邊吐氣一邊以3秒鐘的時間將腳抬起，再一邊吸氣一邊以3秒鐘的時間回到原來姿勢。

1

仰躺在地上，兩膝屈起。

兩膝分開，中間保持一個拳頭的距離。

手掌向下貼向地面。

2

骨盆向上抬的同時抬起單腳。

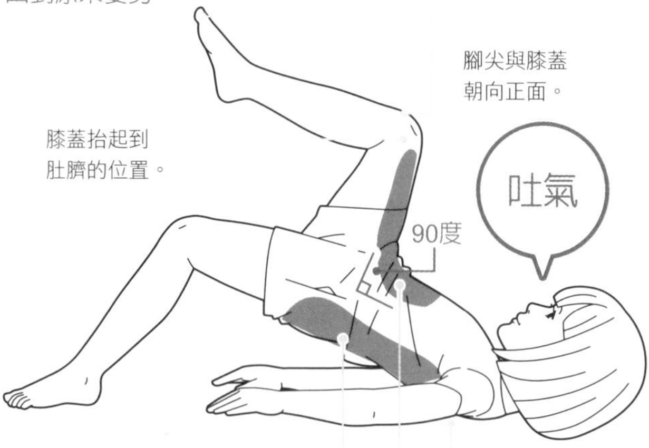

腳尖與膝蓋朝向正面。

膝蓋抬起到肚臍的位置。

能有效鍛鍊到腹部、大腿前側與背部肌肉。

讓肩胛骨懸空。

跑步力強化訓練②

左右兩邊各自進行

做5次×2組

1 仰躺在地上，兩膝屈起。

兩膝分開，中間保持一個拳頭的距離。

手掌向下貼向地面。

持續時間

一邊吐氣一邊以3秒鐘的時間將腳抬起，

再一邊吸氣一邊以3秒鐘的時間回到原來姿勢。

2 骨盆向上抬的同時抬起單腳，腳要伸直。

單腳抬起到從肩膀至腳尖形成一直線的高度。

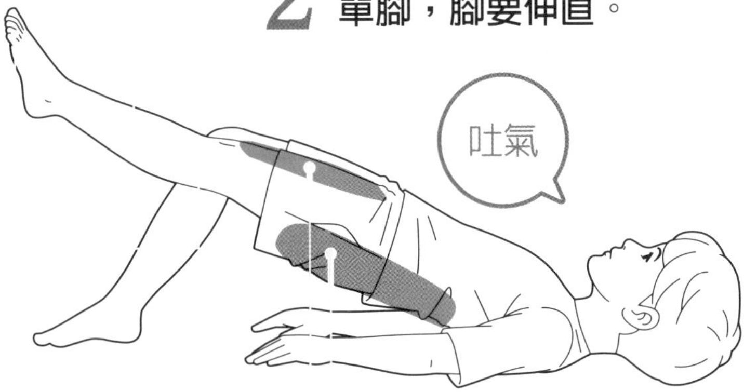

腳尖與膝蓋朝向正面。

能有效鍛鍊到大腿前側與背部肌肉。

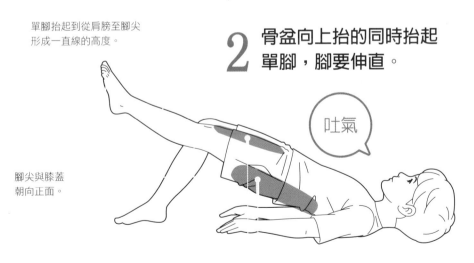

防止邁入高齡期後可能發生的摔倒、臥病不起或認知障礙

不管幾歲都能取回體幹的平衡性

在年輕時期夠快速痊癒的疾病或損傷，對高齡期的人卻可能很嚴重，其中特別要小心的就是「跌倒」。

儘管如此，如果因為怕跌倒而減少外出的話，同樣也可能導致肌力或身體機能衰退。

跌倒不只會發生在戶外，在自家客廳也可能發生。一旦負責抬腳的腸腰肌肌力衰退的話，就會變成拖著腳走路，在碰到地毯或門檻等一點點高低落差時就會很容易絆倒。此外，

雖然裝設扶手、調整床鋪或椅子的高度等打造無障礙的環境很重要，但只是如此並不能防止跌倒意外發生。讓身體變得不容易跌倒，也就是取回體幹的平衡力才是更重要的。

希望大家不論到了幾歲，都可以把能夠自力行走的充實人生作為目標來努力。

高齡者因不同事故傷害而需要送醫急救之比例

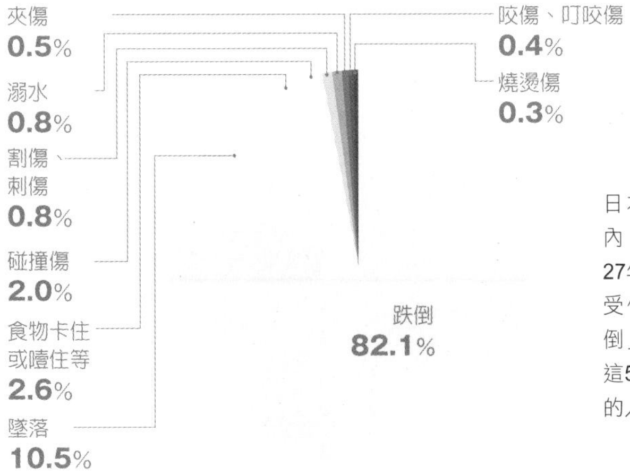
夾傷
0.5%
溺水
0.8%
割傷、刺傷
0.8%
碰撞傷
2.0%
食物卡住或噎住等
2.6%
墜落
10.5%
咬傷、叮咬傷
0.4%
燒燙傷
0.3%
跌倒
82.1%

日本東京消防廳轄區內（東京都內、稻城市及非島嶼地區）自平成27年（2015年）起5年內不同類型之受傷案例中，最常見的就是「跌倒」，占了全體8成以上。此外，在這5年之間因跌倒受傷而需送醫急救的人數更達到27萬以上。

※統計對象：日本東京消防廳轄區內（東京都內、稻城市及非島嶼地區）送醫急救且65歲以上之人士。
※總數：333,234人（事故類別不包含「其他」及「不明原因」。）
出處：日本東京消防廳「送醫急救案件中所觀察到之高齡者事故」

高齡者發生的事故傷害中最多的就是「跌倒」，而在平成27年（2015年）到令和元年（2019年）的5年之間所發生的送醫急救案件更是有年年增加的傾向。

不同年分因為「跌倒」事故而急救送醫的高齡者人數

（人）
70.000
60.000
50.000
40.000
30.000
20.000
10.000
0
2015年
2016年
2017年
2018年
2019年

※統計對象：日本東京消防廳轄區內（東京都內、稻城市及非島嶼地區）送醫急救且65歲以上之人士。
※總數：273,419人
出處：日本東京消防廳「送醫急救案件中所觀察到之高齡者事故」

讓身體不會受傷！高齡者的體幹力訓練

如果不去使用肌肉的話，肌力就會漸漸衰退，但鍛鍊這件事卻是不論從幾歲都能開始的。一起以擁有充滿活力活動自如的身體為目標，用自己的步調持續訓練吧！

高齡者的
體幹力訓練
初級篇

背肌挺直。

手掌朝下，手臂舉到肩膀高度向前伸直。

1

手臂向前伸直，雙腳打開與肩同寬。

雙腳打開與肩同寬。

持續時間

一邊吐氣一邊以3秒鐘的時間放低腰部後維持3秒鐘，

再一邊吸氣一邊慢慢地回到原來姿勢。

配合體力進行

做10次×2～3組

吐氣
背肌伸直的狀態下放低腰部。
能有效鍛鍊到大腿前側與臀部肌肉。
膝蓋不要超過腳尖。

2

一邊吐氣一邊將腰部放低，再慢慢回來。

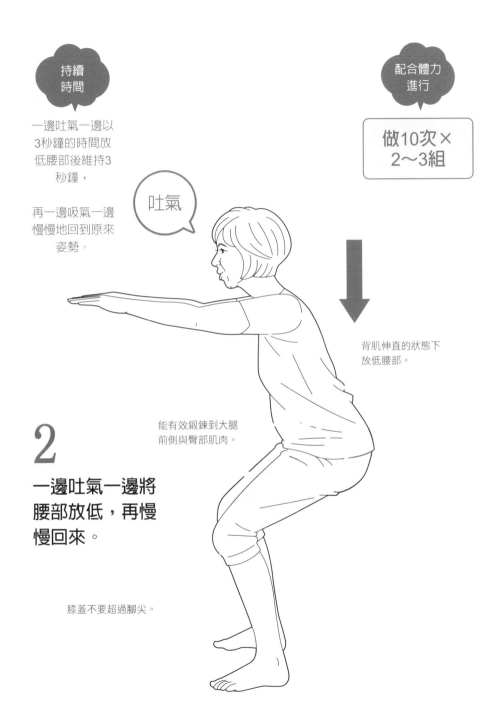

讓身體不會受傷！
高齡者的體幹力訓練

高齡者的
體幹力訓練
中級篇

1

雙腳併攏側躺在地上，
用手肘撐起上半身。

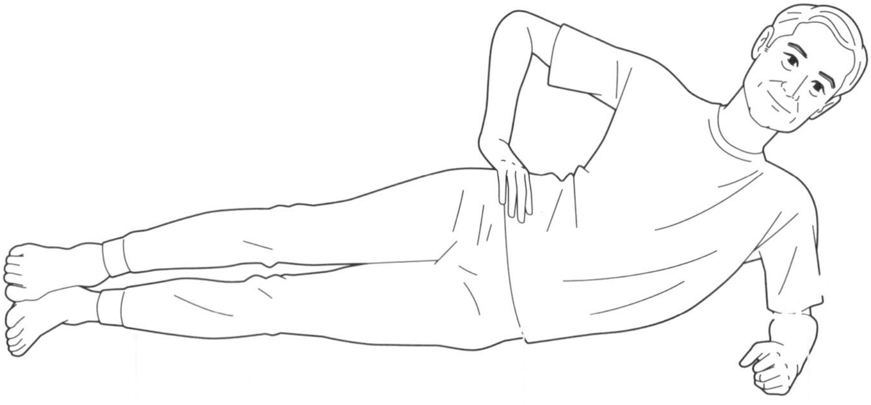

兩腳併攏伸直。

骨盆靠在地
面上。

手肘撐在地面上
時，上手臂與地
面垂直。

持續
時間

一邊吐氣一邊以3秒鐘
的時間抬起單腳，
再一邊吸氣一邊慢慢地
回到原來姿勢。

配合體力，
左右兩邊各自
進行

做10次×
2～3組

只有單腳上下
移動。

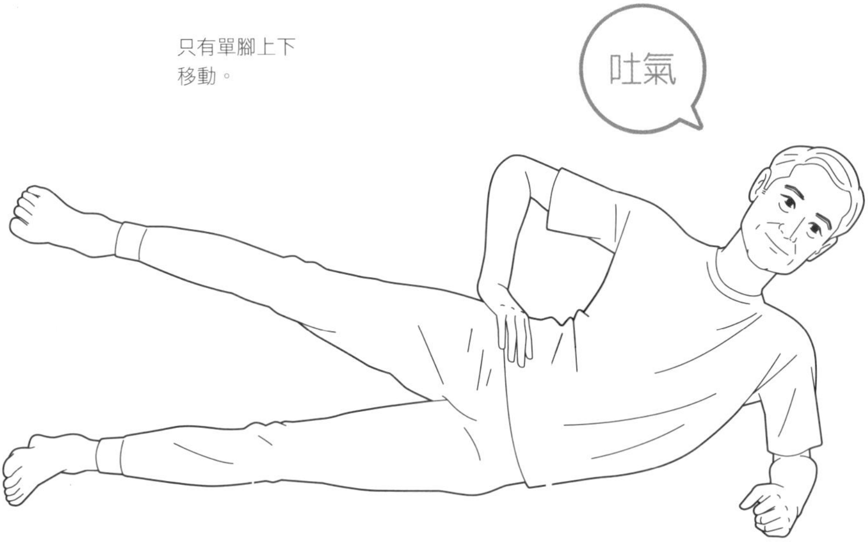

單腳向下的時候
不要碰觸到另一隻腳，隨
時維持在懸空的狀態。

能有效鍛鍊到側腹與腰部肌肉。

2

上半身及骨盆固定，單腳上下擺動。另一邊也進行相同動作。

想像將骨盆壓往地面的感覺，
會比較容易將骨盆固定。

舉手及抬腿動作能有效縮緊鬆弛的腰部！

藉由鍛鍊體幹也很有機會可以讓腰部變得緊實。不只為了維持健康讓身體活動自如，一起把擁有優美的體態也當作目標吧！

腰部緊縮訓練

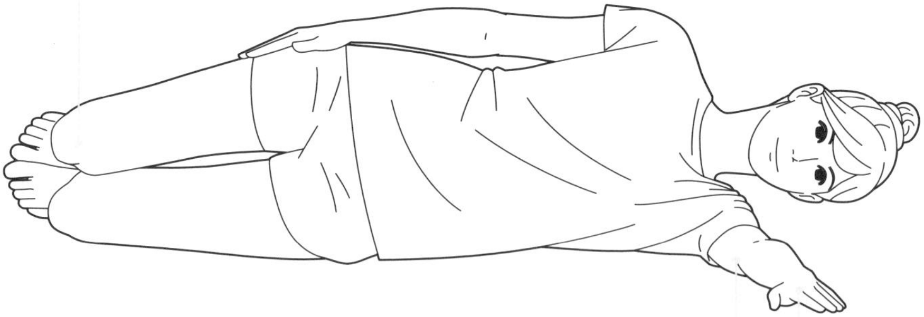

彎起膝蓋，
小腿向後伸。
手臂向前
伸直。
手掌貼在
地面。

1

彎起膝蓋，手臂伸直側躺。

持續時間

左右兩邊各自進行

一邊吐氣一邊以3秒鐘的時間抬起膝蓋，縮緊側腹部維持3秒鐘。

做10次×3組

一邊吸氣一邊慢慢地回到原來姿勢。

2

有意識地讓動作維持在直線狀態的同時，抬起頭部、腿部及手臂。另一邊也進行相同動作。

手去靠近抬起來的膝蓋。

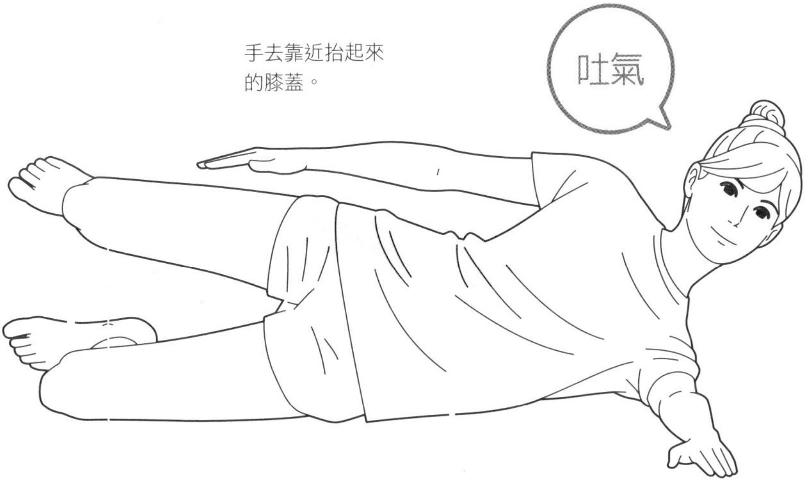

抬起膝蓋到與腰部同樣的高度。

能有效鍛鍊到側腹部。

懸空的手臂去靠近抬起來的膝蓋，能有效伸展到側腹部。

讓內臟回到原有的位置，解決大腹便便的問題！

下腹部之所以會凸出顯得大腹便便的樣子，是因為腹部周圍的肌肉鬆弛，無法支撐內臟的關係。鍛鍊體幹能讓內臟回到原本的位置，調整體型。

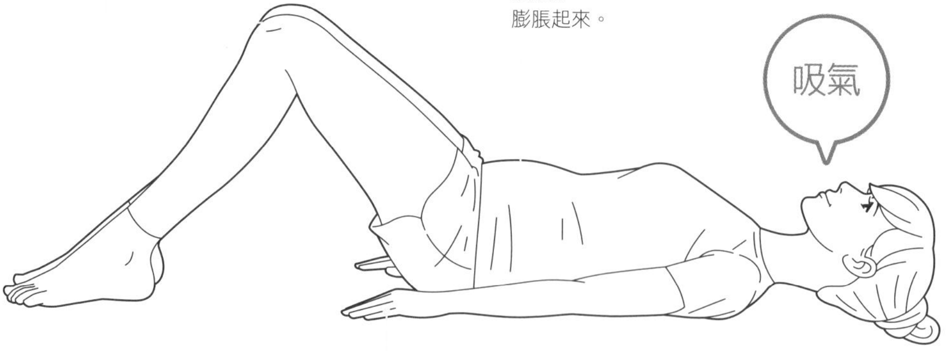
兩腳併攏，
膝蓋屈起。
讓腹部
膨脹起來。
吸氣
手掌貼在地上。

1

兩膝屈起，仰躺在地上。

持續時間

一邊吐氣一邊以3秒鐘的時間抬起膝蓋，維持3秒鐘。

一邊吸氣一邊以3秒鐘的時間回到原來姿勢。

配合體力進行

做10次×2～3組

抬起膝蓋到膝蓋呈現90度的位置。

抬起頭部到可以看到大腿。

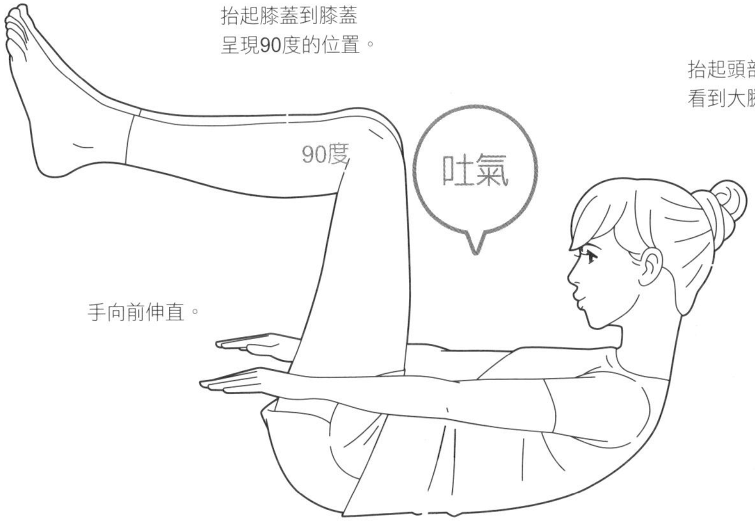

手向前伸直。

能有效鍛鍊到腹部。

2

手向前伸，抬起頭部與膝蓋。

擊敗肩膀痠痛！VWT運動

姿勢一旦變得不協調，就可能導致肌肉減少或血液循環不良，造成慢性肩膀僵硬。
而一邊自然地呼吸，一邊確實地活動肩膀周圍的部位，能促進血液循環，
還能有效鍛鍊到肩膀附近的肌肉。

消除肩膀僵硬的運動

雙手在頭部
後方交叉。

背肌挺直。

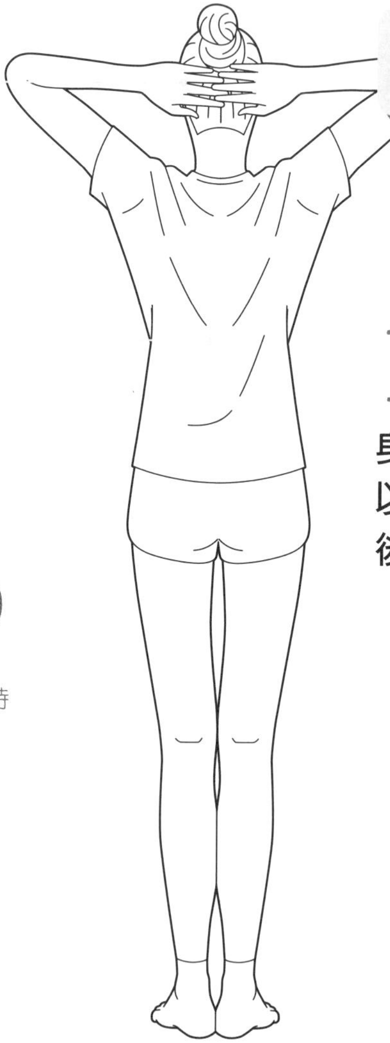

1

身體站直，兩手以抱頭姿勢在頭後交叉。

持續
時間

每種姿勢各維持
3秒鐘。

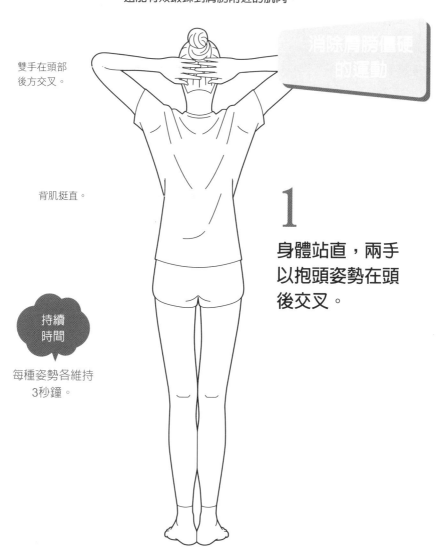

2 雙手手臂向斜上方伸直，形成一個「V」字形。

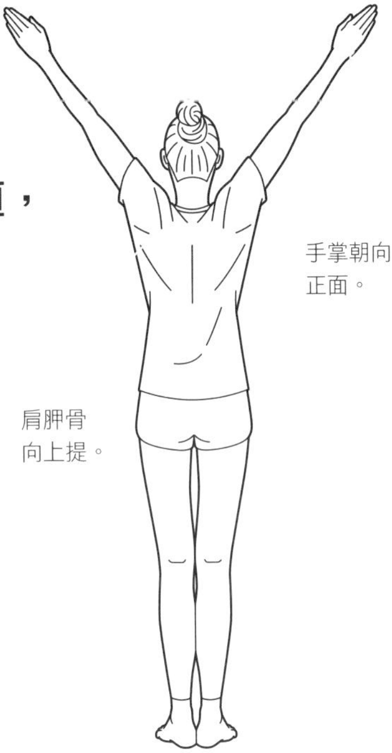

手掌朝向正面。

肩胛骨向上提。

兩邊肩胛骨向中間靠近。

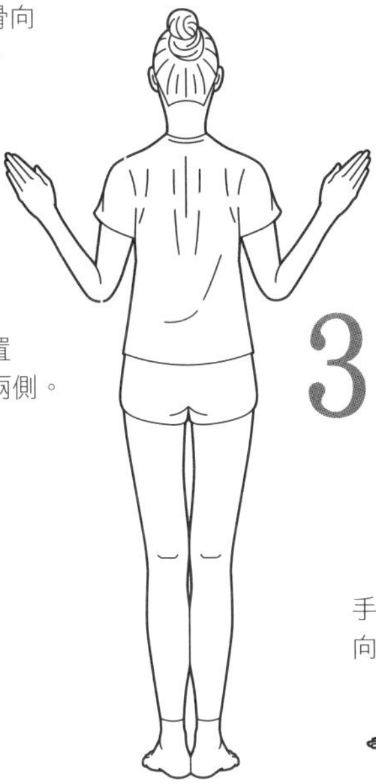

手肘的位置在身體的兩側。

3 雙手手肘彎起，形成一個「W」字形。

手臂在肩膀的高度向兩側伸直。

手肘的位置位於身體的兩側。

4 雙手手臂向兩側伸直，形成一個「T」字形。

重複1～4的動作

做5次

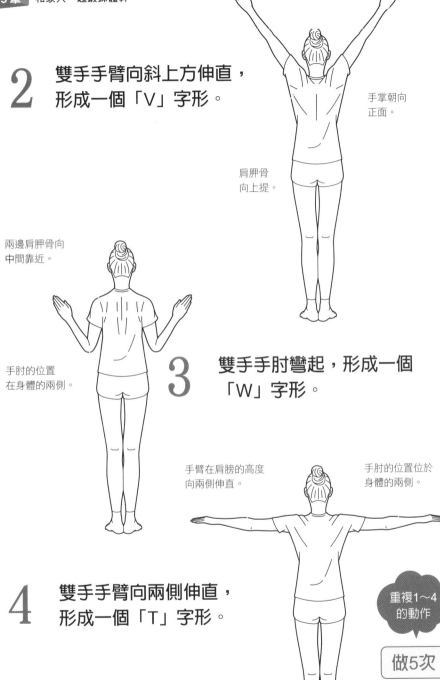

伸展背部改善腰痛！

想要改善腰痛，讓身體軸心保持筆直不歪曲以及肌肉的柔軟度非常重要。
現在就以背部為中心，筆直地拉直身體吧！

改善腰痛運動

1

仰躺在地上，屈起單腳膝蓋，單手手臂向上伸直。

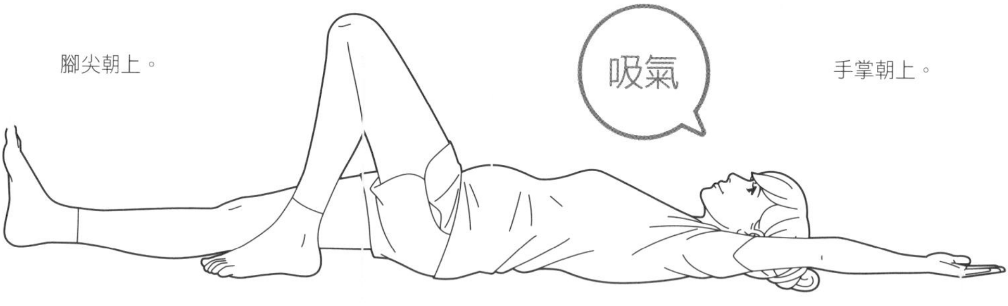
讓腹部
膨脹起來。
腳尖朝上。
吸氣
手掌朝上。
抬起同一邊的
膝蓋及手臂。

持續時間

一邊吐氣一邊以3秒鐘拉直身體。

左右兩邊各自進行

做5次

一邊吸氣一邊慢慢地回到原來姿勢。

2

從背部到腰部都靠向地面，確實地伸直。另一邊也進行相同動作。

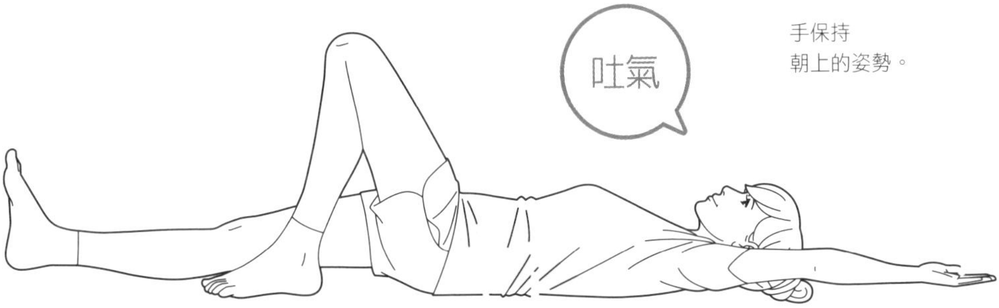
吐氣
手保持朝上的姿勢。
能有效鍛鍊到腹部與背部。

在伸直手臂及腿部的時候，想像把自己的背部到腰部都壓向地面，就能確實地伸展身體。

鍛鍊體幹的最強走路法

搭配走路運動可產生加乘效果，是理想的健身方法

最後要介紹的，是作者的私房訓練法「體幹平衡走路法」。走路，是一種即使是沒有運動習慣的人也不會覺得很吃力的全身性運動，光是在腿部方面，就能鍛鍊到股四頭肌、膕旁肌（Hamstrings）、內收肌、脛前肌、小腿三頭肌等多條肌肉。由於還能改善全身的血液循環，所以能活化新陳代謝，改善體寒的問題。

在開始進行體幹平衡走路法的時候，要經常做Draw in腹式呼吸，這樣能讓自己更容易感受到體幹。走路的時候背肌挺直，下巴輕輕收起，視線直視正前方。肩膀放鬆，肩胛骨輕輕地向內夾，手臂稍微往內側擺動。步幅大小約為一至一點五個腳掌。重點在於，走路時要想像自己走在一條直線上。若是腹內壓不足的話，容易讓姿勢不協調而造成疲勞或腰痛，所以走路的時候要一邊感受腹部的肌肉一邊去增加腹內壓。

由於只要體幹穩定就能有效率地使用到全身肌肉，所以也就能減少對關節的負擔，即使長時間走路也不容易感到疲累。

雖然走路對很多人來說只是下意識進行的日常動作，
但其實它本身是一種具有減重效果的有氧運動。
只要對腹部施加力量、以正確的姿勢走路，就能達到鍛鍊體幹的效果。

側面

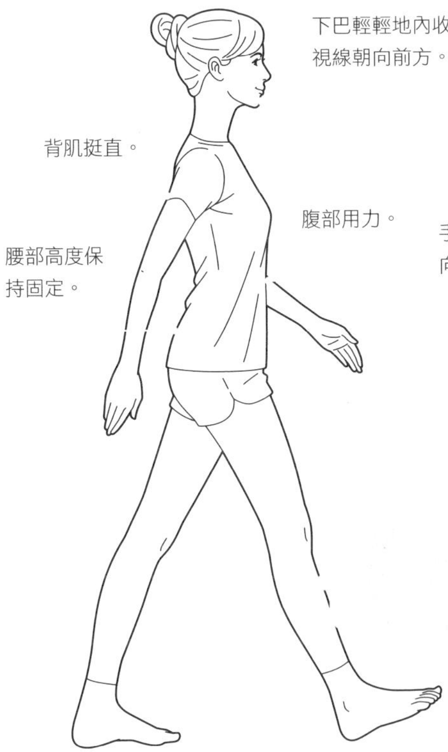
下巴輕輕地內收，
視線朝向前方。
背肌挺直。
腹部用力。
腰部高度保
持固定。

視線朝向正前方，重心
不要前傾，腰部保持在
固定的高度。

正面

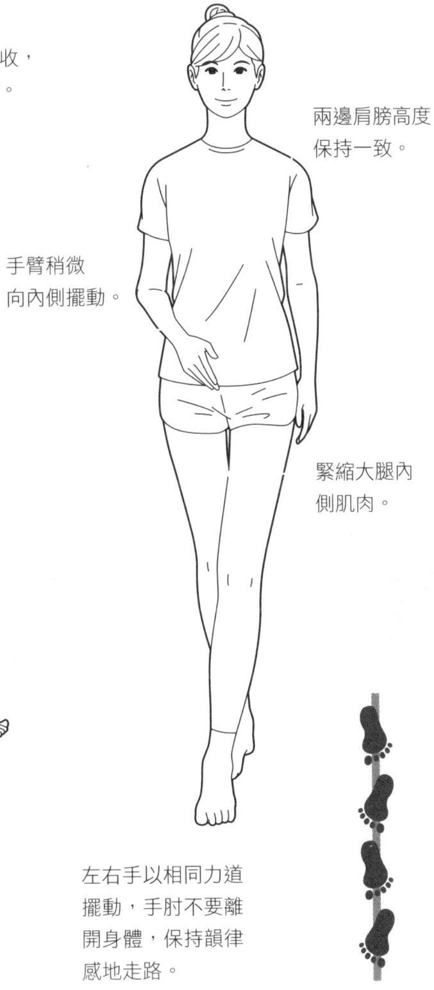
兩邊肩膀高度
保持一致。
手臂稍微
向內側擺動。
緊縮大腿內
側肌肉。

左右手以相同力道
擺動，手肘不要離
開身體，保持韻律
感地走路。

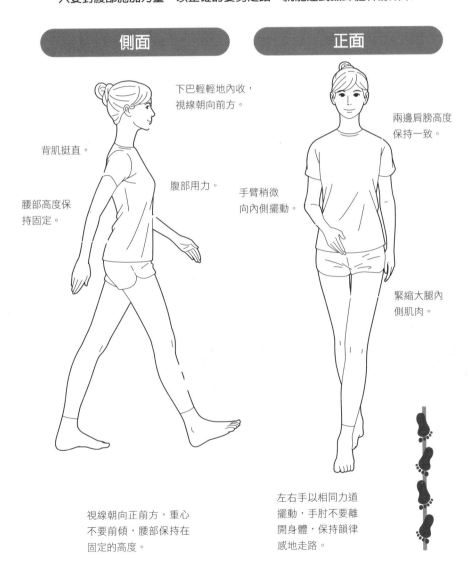

後語

體幹訓練不論什麼時候開始都不嫌晚，肌肉不管到了幾歲都還能進行鍛鍊。不管是從再簡單、再小的事情開始都好，請大家從今天就開始加以實踐。

只要您發現自己的身體「出現了變化」，而且還能夠實際感受到每天的生活比起過去變得更加健康與舒服之後，您就會擁有想要把體幹訓練持續進行下去的動力，而這一點，也將成為您朝向自我目標邁進的強力支援。

這就是「堅持就是勝利」。

衷心希望這本書能夠給予大家一個契機去引發出自身的可能性，重新開始健康且豐富的人生。

一般社團法人JAPAN體幹平衡指導者協會

代表　木場克己

「KOBA式體幹☆平衡訓練」（KOBA☆訓練）是由專業教練木場克己先生，以醫療概念為基礎所開發的能保護身體且安全又安心的訓練方式。下列名單是擁有S級執照、能夠指導「KOBA式體幹☆平衡訓練」的人員。

北海道
岸田直隼／Good治療院

福島縣
伊藤彰彦／かまた鍼灸整骨院院長
小川智弘／小川接骨院

秋田縣
菅原照太／にこにこ鍼灸整骨院

新潟縣
佐藤涼／近江あおぞら整骨院
小林英樹／小林接骨院
加島智裕／なかじょう接骨院 新発田分院

東京都
福井豊／【姿勢改善専門ジム】セブンスター
都築昭紀／つづき整骨院
五十嵐貴仁／いがらし接骨院
岡田敏秀／おかだ整骨院
小林永人／arK
菅澤豊／すがさわ整骨院
佐野秀樹／六町すまいる整骨院
渡部ハヤト／フリートレーナー フードアドバイザー
熊倉崇誠
平間利幸／フリートレーナー
小野塚悟子／株式会社ワイズケア
平和樹／やほ駅前鍼灸整骨院
宮川将志／ティップネス 吉祥寺店
渡辺裕介／ANYTIME FITNESS 南麻布3丁目店
小榑史織／トータル・ワークアウト六本木店
佐久間亮／リハビリ&メンテナンス からだケア整骨院
清水智弥／辰尾整形外科クリニック
川上卓耶／あさひが丘接骨院
石塚博／久我山ほがらか鍼灸整骨院
後藤智大／久我山ほがらか鍼灸整骨院
小西卓人／OVERLIGHT卓球道場
横溝拓美

神奈川縣
遠藤浩隆／えんどう整骨院×E training studio∞
中島裕之／Nakajima整骨院
近藤廉／ふれあいの丘鍼灸整骨院
齊藤圭吾／なごみ整骨院
山口智也／とも鍼灸マッサージ治療室
柿原奈央子

千葉縣
川上英勝／安心堂幕張接骨院
大野博／光ヶ丘ファミリー整骨院
稲田修平／勝田台総合整骨院

埼玉縣
鈴木祥平／アスウェル鍼灸接骨院
冨永裕樹／戸田スポーツ接骨院
雨宮弥壱／戸田スポーツ接骨院
片山麻衣／戸田スポーツ接骨院
藤井琢也／ヒガシスポーツ鍼灸接骨院併設 トレーニング施設
岩本桂太／コスモポリタンメディカル 新越谷整骨院
大場紀和／コスモポリタンメディカル 氷川町整骨院
嘉藤啓輔／越谷誠和病院 リハビリテーション科
畑景大／コスモポリタンメディカル 東川口整骨院
須江幸代／スポーツクラブルネサンス蕨 ちあふる新体操クラブ ちあふる東川口駅RG
伊藤良太／レオパレス21シルバー事業部 あずみ苑 トレーニングスクールPhysical Land
柳沼拓也／やぎ鍼灸接骨院

茨城縣
市村隆／ライフラボ

群馬縣
篠藤巧／日高デイトレセンター
小林謡希／てて整骨院 藤岡店

栃木縣
落合義人／おちあい整骨院
福田高雄／Body toning アドマーニ NPO法人たかはら那須スポーツクラブ ヴェルフェ矢板

山梨縣
川上満／Body-Conditioning Salon DiVA

静岡縣
藤島裕介／藤島接骨院 体幹トレーニングスタジオcore&careスタジオ【grow up】
南和志／りく整骨院（院長）
栗田優／フリートレーナー
久保寺勇太／久保寺接骨院×体幹トレーニングスペースAnchor
藤森正和／フジ鍼灸接骨院
杉本将／みなり整骨院
石川長希／こころ接骨鍼灸マッサージ院
森藤僚祐／一般社団法人グローバルスポーツアカデミー【GSA】
三嶋隆司／千鳥（Chidori）NPO法人湖西市体育協会
蘆田友幸／芦田畳店
森田遼介／青島整形外科
鈴木真規／AOI-DO Premium Body Care 千代田店
海野廉太郎／理学療法士

愛知縣
鈴木孝平／RePRO TRAINING STUDIO（すずき接骨院併設）
山本貴嗣／トレーニングスタジオ Shiny
藤城秀規／芯 ～Sin～
森昇太／JPCスポーツ教室 あま店

岐阜縣
小池雄大／こいけ接骨院
髙木宏昌／JPCスポーツ教室
棚橋宏／PeakUP Bodycare & Fitness
藤川倫典

富山縣
近江純／コアスマイル
吉田大道／城北接骨院
新酒遼／SHIN鍼灸院

石川縣
平木優／ヘミニス金沢フットボールクラブ コーチ・整形外科病院リハビリテーション科 柔道整復師
髙橋英樹／カイロプラクティック体幹スタジオ髙橋
福永真子／一般社団法人 かなざわ駅西スポーツアカデミートレーナー

福井縣
吉田晋也／日光整骨院
牧野孝之／まきの接骨院
樫原康二／山正接骨院

奈良縣
庄映二／接骨院たなごころ
南原智彦／NBodyLab（エヌボディラボ）
岡本純一／株式会社LAFH ろくじょう西整骨院
結城信吾／株式会社LAFH ろくじょう西整骨院
小泉武司/こいずみPT整骨院

大阪府
石山博喜／Pilates Room tone
玄山昌武／くろやま鍼灸整骨院
遠藤由貴／Space Brillo
高垣昭和／Axis Core Technology
築山弘一／体幹トレーニング教室守口
奥野晃司／おくの体幹教室
鎌田祐子／コスモ整骨治療院
佐藤美佑
横田洋／よこた針灸整骨院
新間節子

兵庫縣
荒木健/フィジカルベーシックトレーニング
星加将孝／ほしか鍼灸接骨院
南牟禮豊藏／みなみむれ接骨院

岡山縣
石崎豊
石橋彰祐／Stadio Gullit

島根縣
坂根太平／フリートレーナー

廣島縣
船木哲秀／体幹トレーニング教室・スポーツ整体アスルート
本田祐介／ゆうゆうトレーナールーム鍼灸整骨院
馬屋原隆世／広島リゾート&スポーツ専門学校
西本幸寛／パーフェクトストレッチ舟入本町店
小林真大／コバ整骨院

山口縣
大谷乃里子／大谷整形外科
田口達也／大谷整形外科
徳永勇気／大谷整形外科

德島縣
岩佐晃弘／すまいる整骨院
河野磨／すまいる整骨院
福田真至／ハッピー阿南
射場潤一／いば整骨院
速井拓己／いば整骨院
大林大樹／いば整骨院
宮崎文男／みやざき整骨院
与能本和憲／ふれあい健康館

香川縣
伊東勝／Asone Personal Studio／体幹トレーニング教室 futuro
冨田雅志／金剛禅総本山少林寺本部道院

愛媛縣
福岡裕二／笑顔☆からだ作り工房 南米広場
末永大樹／出張パーソナルトレーナー
石本信親／今治しまなみスポーツクラブ

福岡縣
大谷成／フェニックス整骨院
内山忠幸／大濠鍼灸整骨院
新名康人／はりきゅう整骨院 康寿庵
山中祐太朗／やまなか整骨院
佐藤達也／はるまち駅前整骨院・鍼灸院
島崎裕樹／理学療法士
井上恵輔／めぐみ整骨院
山領悠介
宮﨑恭子／はりきゅう療院MANO（マノ）
内藤義之／福岡県高等学校教諭・（公財）日本体育協会公認トライアスロン指導員 (社)日本トライアスロン連合 高校生普及員
嶌田佳奈
池田光司
野田圭佐／パーソナルトレーナー
満田聖哉／合同会社緑 代表

佐賀縣
水田広記／みずた整骨院
北﨑太一／理学療法士

大分縣
柴田清寿／大分トリニータ トレーナー ブルーポイント鍼灸整骨院
山下活秀／活整骨院
北山湊大／ココロ整骨院

長崎縣
野口敦史/あん整骨院

熊本縣
後藤尭裕／大和整骨院

鹿兒島縣
竹田寛晃／フリートレーナー
北憲治／健康運動指導士 医療法人 慈風会 厚地健康増進センター
大田勝也／健康運動指導士 医療法人 慈風会 厚地健康増進センター
内木場文之／健康運動指導士 医療法人 慈風会 厚地健康増進センター
土生さとみ／studio m

沖繩縣
山城修／ヤマシロ鍼灸整骨院
町田英美／株式会社ワイズケア ワイズ那覇天久整骨院
渡邊英昭／Le RINASCITA/ANYTIME FITNESS小禄店

【參考文獻】
『「体幹」を鍛えるとなぜいいのか？』（著者 木場克己・PHP研究所）
『続ける技術、続けさせる技術』（著者 木場克己・ベストセラーズ）
『1週間で腹を凹ます体幹力トレーニング』（著者 木場克己・三笠書房）
『完全体幹強化術』（監修 木場克己・日本文芸社）
※除上列書籍外，還同時參考了多本書籍及網站之資料。

國家圖書館出版品預行編目資料

實踐！體幹力訓練：從大人到小孩都可以做！讓身體學會正確的姿勢／木場克己著；高慧芳譯. ─ 初版. ─ 臺中市：晨星出版有限公司，2022.09
面；公分. ─（知的！；197）
譯自：眠れなくなるほど面白い 図解 体幹の話
ISBN 978-626-320-210-8（平裝）
1.CST: 運動訓練 2.CST: 健身操

528.923　　111010171

知的！197

實踐！體幹力訓練：
從大人到小孩都可以做！讓身體學會正確的姿勢
眠れなくなるほど面白い 図解 体幹の話

作者　木場克己
插畫　內山弘隆
內文圖版　成富英俊 中多由香 益子航平 宮島薰 大下哲郎（I'll products）
譯者　高慧芳
編輯　吳雨書
封面設計　ivy_design
美術設計　曾麗香

創辦人　陳銘民
發行所　晨星出版有限公司
407台中市西屯區工業30路1號1樓
TEL：（04）23595820
FAX：（04）23550581
http://star.morningstar.com.tw
行政院新聞局局版台業字第2500號
法律顧問　陳思成律師
初版　西元2022年9月15日　初版1刷

讀者服務專線　TEL：（02）23672044 /（04）23595819#212
讀者傳真專線　FAX：（02）23635741 /（04）23595493
讀者專用信箱　service @morningstar.com.tw
網路書店　http://www.morningstar.com.tw
郵政劃撥　15060393（知己圖書股份有限公司）

印刷　上好印刷股份有限公司

定價350元

ISBN 978-626-320-210-8

NEMURENAKUNARUHODO OMOSHIROI ZUKAI TAIKAN NO HANASHI
by Katsumi Koba